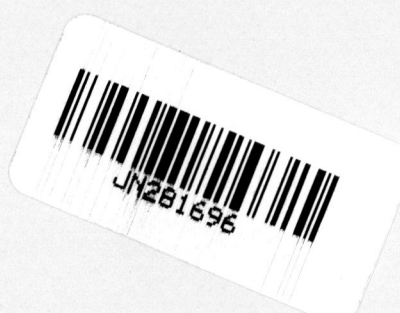

運用難時代を切り拓く

オルタナティブ投資

住友信託銀行
大塚明生・神谷　智 著

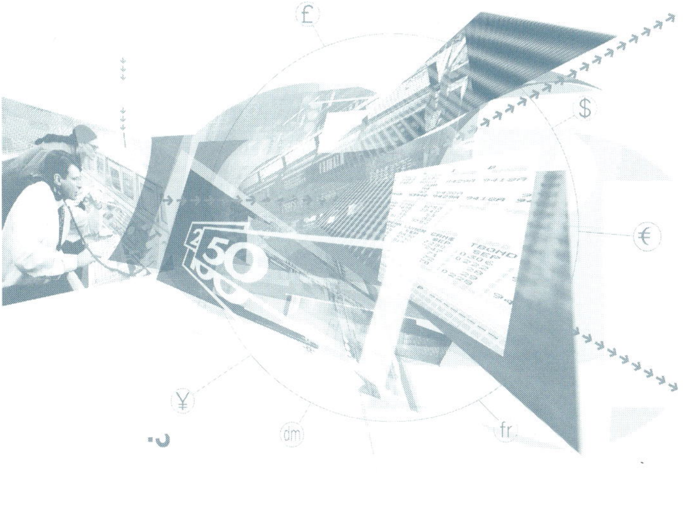

社団法人 金融財政事情研究会

刊行にあたって

歴史的な超低金利状態が長引き株価も低迷するなかで、個人・法人を問わず魅力的な運用商品が求められており、運用商品の数や種類はどんどん増えてきている。たとえばこの３月に25本もの公募投資信託が新規に設定されたが、これはほぼ一日に１本のペースである。このような状況のもとで、株式・債券といった伝統的資産とは無関係にリターンを獲得できるオルタナティブ投資への関心が高まっている。

ただ、投資家のニーズは一様ではなく、ハイリスク・ハイリターンを求める投資家もいればローリスク・ローリターンでよいという投資家もおり、多様化する投資家ニーズに合わせて、さまざまな資産と膨大な数の運用商品からどれを選択し、どのように組み合わせるかを決めることはむずかしい。

このため、資産運用会社はまずはこのような投資家のニーズを潜在的なものも含めて把握することが重要である。そして、求められるリスク・リターン特性に合致するようなポートフォリオを、最良の運用商品の組合せによって構築してゆくことが望ましく、このような一連のプロセスが顧客の納得感を醸成するのである。

本書の著者は、ちょうど１年前に『戦略的年金経営のすべて』を刊行した。そのなかで、まずコンサルティングにより顧客のニーズ・問題意識を正確に把握し、次にこれを解決するソリューションポートフォリオを提供するという「運用コンサルティング＋マルチプロダクト」をキーワードとする資産運用会社の事業戦略を紹介している。このソリューションポートフォリオの提供にあたって、いまやオルタナティブ投資はなくてはならない運用商品になりつつある。というのは、「国内債券の金利上昇懸念」、「内外株式の下ぶれ懸念」といった伝統的資産をめぐる不安定要因が増大しているなかで、伝統的資産とはほぼ無関係にリターンを獲得できるオルタナティブ投資は、投資家の全体ポートフォリオのパフォーマンス向上に必須の運用商品になりつつあるからである。

ところで、ソリューションポートフォリオを構成する運用商品の提供にあたっては、問題解決（プロブレム・ソルビィング）機能を最優先し、他社の商品（アウトソーシング・プロダクト）を活用するケースがあってもよく、事業基盤を開放し内外のプロダクトを呼び込むオープンプラットフォーム型の運営は、今後の運用会社の一つのあり方だと考えている。というのは、オルタナティブ投資を含め多様化する運用商品を投資家ニーズに最も適した組合せで提供するためには、コンサルティング機能をもち、マニュファクチャリング機能（自社プロダクトの製造）と同時にディストリビューション機能（アウトソーシングも含めたさまざまなプロダクトの提供）を保持し、一つの会社であらゆるサービスを受けられるワンストップショッピング型のサービスを提供することが求められるからである。そのようなインフラを確立した運用会社であれば、投信の窓販、日本版401kプラン、確定給付型年金、プライベートバンクというさまざまなスキームを通じ、個人（リテール・富裕層）や機関投資家にアクセスし、同一のコンセプトをもったサービスをさまざまなバリエーションで提供することが可能となる。

このような考えから住友信託銀行では、コンサルティング機能・マニュファクチャリング機能・ディストリビューション機能を三位一体として運営する“総合運用サービス提供機関”を目指し、伝統的資産運用を補完するヘッジファンド、不動産証券化商品あるいはプライベート・エクイティといったオルタナティブ商品のマニュファクチャリング機能の強化はもちろんのこと、ディストリビューション機能の強化にも注力しており、本書で弊社のディストリビューション機能強化の一端をご理解いただければ幸いである。

最後になるが、この場を借りて、今後とも皆様のご指導・ご鞭撻を深くお願い申し上げる次第である。

平成14年6月

住友信託銀行株式会社

取締役
専務執行役員　**伊戸　冨士雄**

はしがき

現在は運用難の時代であり、投資家にとっては「超低金利状態の長期化」、「株式マーケットの下落」、「相次ぐ金融機関および一般事業会社の破綻による信用リスクの顕在化」という三重苦ともいえる運用環境であり、資産運用業界に身を置くものにとってある種の閉塞感を感じる状況である。

そもそも、株式・債券といった伝統的資産における資産運用は、市場全体の上げ下げへの追随度、勝ち負けを運用パフォーマンス判定基準とする「対ベンチマーク運用」が主流であり、投資ファンドのリターンの方向性は市場（インデックス）そのものの上げ下げに左右され、ファンドマネージャーの力量差はインデックス±αの部分にとどまりがちである。

このためグローバルマーケットを牽引してきた米国株式の右肩上り相場の崩壊により、世界的に弱気相場の見通しが支配的となりつつある相場環境のもとでは、いかに優秀なファンドマネージャーであっても活躍の場は限られている。

このような相場環境のもとで、伝統的資産と相関が低い、言い換えれば株式・債券のパフォーマンスが悪くてもそれらとはほぼ無関係にリターンを獲得できるオルタナティブ投資への関心が急速に高まりつつある。

筆者は昨年6月に『戦略的年金経営のすべて』を刊行し、運用機関のあるべき姿を語ったが、前述の運用環境のもとでは、伝統的資産だけの運用では限界があるため、その限界をカバーする投資手法としてオルタナティブ投資を本書で詳しく取り上げることにした。

ところで、オルタナティブ投資には投資対象が伝統的資産以外のプライベート・エクイティ（未公開株ファンド）あるいは石油・天然ガス・森林といった天然資源などのオルタナティブ・アセット（代替資産）と、株式・債券という伝統的資産を対象としながらも投資手法が従来とは異なるオルタナティブ・ストラテジー（代替投資）があるが、本書ではオルタナティブ・ストラテジーであるヘッジファンドをメインテーマとした。

ヘッジファンドをメインテーマとして取り上げた理由は２点あり、まず第１点目はヘッジファンドが伝統的資産と低相関で市場性リスクが低いため(逆にマネージャーリスクや投資手法リスクは高い)、相場の上げ下げにかかわらずプラスのリターンである絶対リターンの獲得を目指せる商品特性があり、運用難の時代にマッチした運用商品であるからである。

第２点目は、投機的でうさんくさいイメージのあったヘッジファンドがディスクロージャー（情報開示）の進展とともに、むしろ一般的にイメージされるよりも安全かつ合理的な側面をもっていることを理解してもらえればと思ったことである。

ヘッジファンドが必ずしもうさんくさいものではなく絶対リターンを獲得できることについて合理的裏付があることへの理解が進むにつれて、欧米においても個人富裕層より保守的傾向のある機関投資家がヘッジファンドへの取組み姿勢を積極化しつつある。一方で、ヘッジファンドが絶対リターンを獲得できるのは、市場性リスク（市場感応度）を抑えたスキルベースの運用だからであり、それゆえに運用機関の力量の違いによるパフォーマンスのばらつきが伝統的資産とは比較にならないくらい大きく、思わぬリスクを負うことがある。このため、投資ファンドを選択する際には、デュー・ディリジェンス（詳細調査）を行うなどの慎重な対応が必要であることも事実である。

このため、伝統的資産運用における運用機関のあるべき姿を語った前著『戦略的年金経営のすべて』では触れることの少なかったオルタナティブ投資を取り上げ、運用難時代を切り拓く有力な投資手法として、その実像を解明したうえで適切な取組みを行える一助になればと思い、本書を刊行した。

なお、本書の内容に関して筆者の理解不足による不適切な部分があるとすれば、それはすべて筆者の責任であり、そのような点がなくなるよう今後ますます研鑽に励みたい。

平成14年６月

大塚　明生

目　　次

第4章　ゲートキーパーの選定と オルタナティブ投資の実践

第 1 章

いま、なぜ、オルタナティブ投資か？

第1節　オルタナティブ投資、特にヘッジファンドが求められるわけは？

1. はじめに

「超低金利状態の長期化」、「株式マーケットの下落」、「相次ぐ金融機関および一般事業会社の破綻による信用リスクの顕在化」という投資家にとって三重苦の状況のなかで、“オルタナティブ投資”が注目を浴びつつある。

オルタナティブ投資は、株式・債券といった伝統的資産と低相関であり、分散投資効果を向上させ相場の下ぶれリスクを抑えることができ、同時に高い運用実績をもつ運用商品である。投資対象が伝統的資産以外の“オルタナティブ・アセット（代替資産）”と、株式や債券などの伝統的資産ではあるが投資手法が従来とは異なる“オルタナティブ・ストラテジー（代替投資）”の2種類に大別される。

オルタナティブ・アセット（代替資産）としてはベンチャーキャピタル（新興企業への投資ファンド）、バイアウト（Buyout；企業買収ファンド）等への出資、メザニンファンド（非公開企業の優先株や劣後債への投資）といったプライベート・エクイティ（未公開株ファンド）、および石油・天然ガス・森林等の天然資源があげられ、オルタナティブ・ストラテジー（代替投資）としてはヘッジファンドやマネージド・フューチャーズがあげられる。

資産運用ビジネス先進国である米国における投資家のセグメントは、機関投資家（インスティテューショナル）、個人（リテール）、富裕層（ハイ・ネット・ワース）の三つに分類される。機関投資家のなかでも高度なレベルでの受託者責任が求められ最も洗練された投資家といわれる年金基金においては、これまでベンチャーキャピタル等のプライベート・エクイティへの取組みは本格化しつつあったものの、ヘッジファンドはほとんど顧みられることはなかった。というのは、米国株式の右肩上がりの相場のもとでは、株式以上のリターンが期待できるプライベート・エクイティが選好され、どちらかといえば弱気相場における相場の下ぶれ時に強みを発揮するヘッジファンドは、市場全体（ベンチマーク）の上げ下げへの追随度、勝ち負けを運用パフォーマンス判定基準とする対ベンチマーク運用が主流の年金基金にとって魅力的な運用商品とはいえなかったのである。

ところが米国株式の右肩上がり神話の崩壊とともに、相場の上げ下げにかかわりなく常にプラスのリターン（絶対リターン）を目指すヘッジファンドがあらためて注目されている。

本書においては、株式・債券といった伝統的資産とは異なるリスク・リターン特性をもつ、言い換えれば低相関であるため運用資産全体ポートフォリオの運用効率を向上させるオルタナティブ投資を、弱気相場の見通しのもとで相場の下ぶれに強いという商品特性から日米ともに関心が高まっているヘッジファンドを中心に語ることにしたい。まず本章においては「いま、なぜ、オルタナティブ投資なのか」、「今後新たにオルタナティブ投資に取り組む際の留意点は何か」といった点について概説し、次章以降においてオルタナティブ投資の詳細について触れることにしたい。

2.　個人投資家の海外資産シフト

現在は運用難の時代である。新発10年物国債の利回りですら1.390％（2002年３月末現在）という超低金利状況であり、一方で国内株式は代表的指標である日経平均株価でみると、最近５年間で1997年３月末時点は１万8,003円であったものが、2002年３月末時点で１万1,024円と39％もの下落になっている。これを個人投資家にとって身近な運用商品である公社債投信・株式投信の運用実績でみると、時期はずれるが投信評価機関として著名な米国モーニングスターとソフトバンクとの合弁会社であるモーニングスター社が公表している投信インデックス（1999年４月～2002年３月）によれば、国内債券型が△2.6％、国内株式型が△25.0％と、いずれもマイナスリターンとなっている。「株式はリスクの高い資産なので安全性の高い資産である債券投資を」と考えた投資家も、2001年９月のマイカルの破綻による同社社債のデフォルト（債務不履行）あるいは同年11月の米エネルギー大手エンロンの社債組入れを原因とするMMF（マネー・マネージメント・ファンド）の元本割れという事態に直面し、予期せぬ信用リスクの顕在化に冷や汗をかいた向きもあったのではないかと思われる。

このような日本国内における「超低金利状態の長期化」、「株式マーケットの下落」、「信用リスクの顕在化」という状況のなかで、個人投資家の心境は「社債（事業債）は発行会社の破綻によるデフォルト（債務不履行）が気にかかり、定期預金はペイオフ（金融機関破綻時の預金払戻保証額を元本1,000万円とその利息とする措置）が、最も安全と思われる日本国債ですら金利上昇あるいは格下げが怖い。いわんや、リスク資産である国内株は下落リスクがもっと怖い」という心境ではないだろうか。

このような状況のなかで、最近新聞紙上を賑わしているのが、日本国内の低金利や株安などの運用難を背景に個人投資家の海外資産への投資意欲が高

［図表1－1］　個人の外貨建運用資産増加の新聞記事
（2002年1月16日付日本経済新聞）

個人の外貨資産10兆円

9月末最高に

低金利で海外シフト

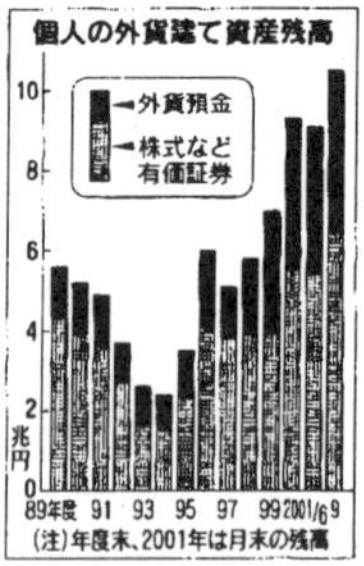

個人が外貨預金や外国株式・債券など外貨建て資産に投資する動きを強めている。二〇〇一年九月末の家計部門の外貨建て資産残高は前年比二九%増の十兆五千八百億円と過去最高を更新。日本国内の低金利や株安など運用難を背景に、海外資産への投資意欲が高まっている。個人資金の流外出が最近の円安・ドル高の一因との見方もある。（外貨預金は3面「きょうのことば」参照）

日銀が四半期ごとにまとめる資金循環統計によると、昨年九月末に個人が保有する外貨預金残高は前年同期比八%増の約四兆円。外国株式・債券や外貨建て投資信託などの資産残高は同四六%増の六兆五千億円に拡大した。

個人の外貨志向は国内金利の急低下が背景。期間一年の円の定期預金金利は〇・〇四%程度。これに対し米ドル外貨預金は〇・五%以上の金利の銀行が多い。日銀がゼロ金利政策を導入した直後の一九九九年四―六月期から個人の外貨建て資産が増加、九九年三月末から二〇〇一年九月末までに八四%増えた。

円安・ドル高傾向も外貨シフトを後押しした。ドル建て資産は円安・ドル高になると円換算の資産価値が膨らむため投資が積極化。都市銀行五行の昨年十二月末の個人向け外貨預金残高は百四十六億ドルで、半年前と比べ二・六%増えた。

円相場は昨年年末は一ドル＝一三一円と、年初と比べ二〇円近く下落。東京三菱銀行は「従来は円安になると為替差益を狙って外貨預金を解約する個人顧客が多かったが、昨年十二月には逆に申し込みが増えた」という。

証券会社でも外貨建てのMMF（マネー・マーケット・ファンド）が「十二月は増えた」（マネックス証券）という。大和証券では「今年初めにユーロの現金流通が始まり、個人投資家の外貨建てMMFに対する関心は高い」としている。

千四百兆円を超える個人金融資産に占める外貨建て資産割合はまだ一%に満たないが、超低金利が続く中で個人資産の海外流出は当面は続くとの見方が多い。

まっているとの記事（図表1－1参照）であるが、このような記事を読むと、なるほどとうなずけるのである。

3. 国際分散投資の効用と限界

ところで、このような現象は運用の専門家である機関投資家が行う“国際分散投資”にも通じる投資行動といえる。とはいえ、国際分散投資にも意外な“落とし穴”があり、これをカバーする有力な運用商品が本書の主題であるオルタナティブ投資である。

というのは、オルタナティブ投資は伝統的資産といわれる内外株式・内外債券とは異なるリターン特性、言い換えれば“低相関”であるため分散投資効果を向上させるのである。特にヘッジファンドは、市場下落時にもプラスのリターンである絶対リターンが獲得可能であるという特色が、運用難のいま、注目されている理由である。この点については後で触れるとして、まずは機関投資家にとっても運用の大原則といえる国際分散投資について述べることにしたい。

(1) ライフサイクル型ファンド

個人投資家向けにパッケージ化された国際分散投資の投資信託商品としては、確定拠出型年金における目玉商品の一つとして注目を集めているライフサイクル型ファンドが代表的なものとしてあげられる。ライフサイクル型ファンドとは、老後資金を蓄えるためのファンドを年齢あるいはリスク許容度に応じた設計としたもので、若年層向けには株式組入比率を高めた積極的なポートフォリオとし、年齢が高まるにつれて株式の組入比率を引き下げ債券の組入比率を引き上げた保守的ポートフォリオにするというコンセプトの商品である。ちなみに、住友信託銀行の提供するライフサイクル型ファンドにはリスク許容度に応じて、保守的ポートフォリオである内外株式の組入比率が25%の「ローリスクタイプ」から、内外株式の組入比率が50%の「ミドルリスクタイプ」、内外株式の組入比率が75%となっている「ハイリスクタイ

[図表1—2]　住友信託銀行の提供するライフサイクル型ファンドのポートフォリオタイプ別にみた伸び率

（1995年3月＝100）

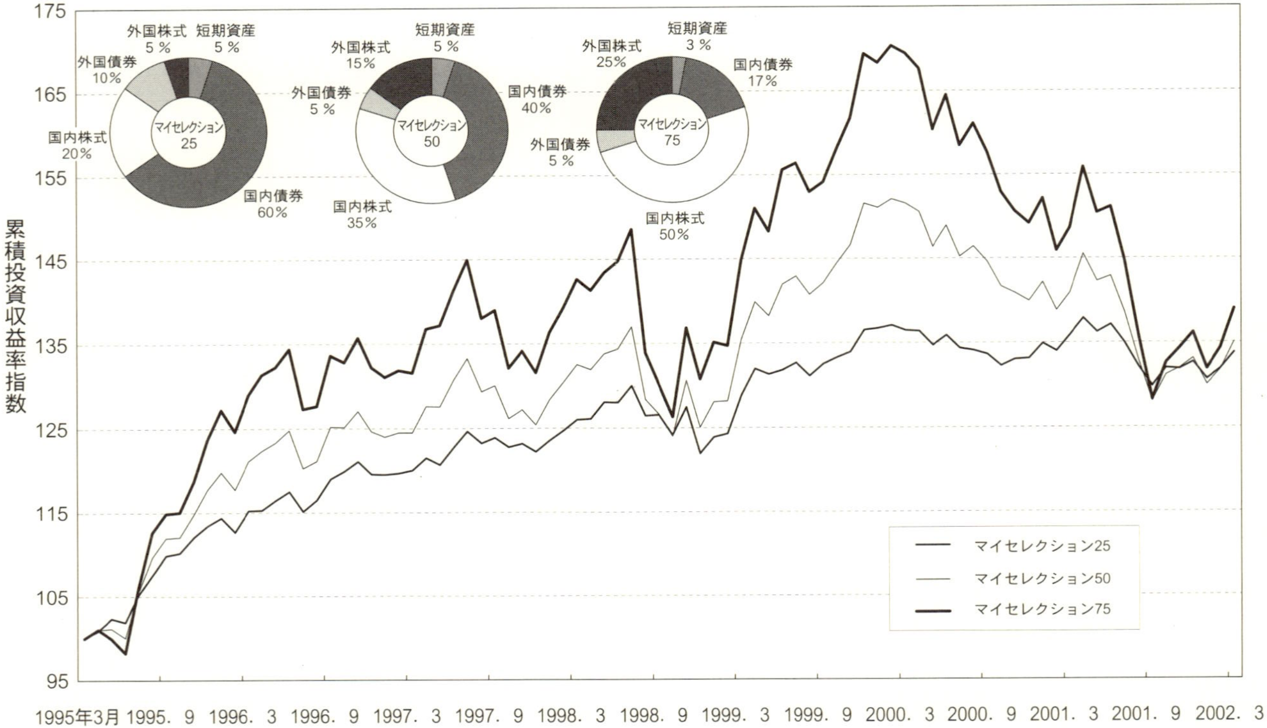

プ」の三つの品揃えが用意されている（図表1－2参照）。

このようなライフサイクル型ファンドの宣伝広告で「年金運用のノウハウを活かした」ということをアピールポイントとしているのをよく見かけることがあるが、なぜ、個人投資家向けのライフサイクル型ファンドで年金運用のノウハウがアピールポイントになるのだろうか。これは、運用機関に厳しい規律が要求される受託者責任に耐えうる投資理論の実践が求められる最も洗練された投資家が年金基金であり、その投資理論の基本となっているのが国際分散投資だからである。

投資理論は、一般に現代投資理論（モダン・ポートフォリオ・セオリー）に代表されるが、なかでもノーベル賞を受賞した米国のマーコビッツが考えた平均・分散アプローチ等を活用し、世界各国の有価証券に資産配分を行う手法が国際分散投資である。

(2) 国際分散投資の効果

ここで、分散投資の効果をみてみたい。まず、国内債券・国内株式・外国債券・外国株式といった各投資対象資産ごとに図表1－3にあるような期待収益率（リターン）・標準偏差（リスク）・相関係数の3種類の数値を把握する。たとえば、資産Aについていえば、平均的には2.0％の収益率が期待できるが、標準偏差が4.0％ということは、実際の収益率はぶれ（リスク）を伴い、2.0％±4.0％の範囲内（＋6.0％～△2.0％）において約3分の2の確率で発生することを示している。

また、資産Aと資産Bの収益率関係について示す数値が相関係数と呼ばれ、「＋1.0（収益率の発生する方向がまったく同じ）～△1.0（収益率の発生する方向がまったく逆）」の範囲で示される。図表1－3の場合、相関係数が△0.5となっているが、これは「資産Aの収益率が好調な場合、資産Bは不調であることが多い」ということを示し、このような関係を逆相関と呼んでいる。逆相関の関係を図示すると、図表1－3のようなイメージとなる。

つまり、発生する収益率の方向性が相違する2種類の資産に分散投資することにより、ポートフォリオの収益率が安定し、1資産のみに投資するより

［図表１－３］　金融変数例

	期待収益率	標準偏差	相関係数	
			資産 A	資産 B
資産 A	2.0%	4.0%	1.0	△0.5
資産 B	10.0%	20.0%	△0.5	1.0

（注）　仮の数値を表示。

逆相関をもつ２資産への分散投資イメージ

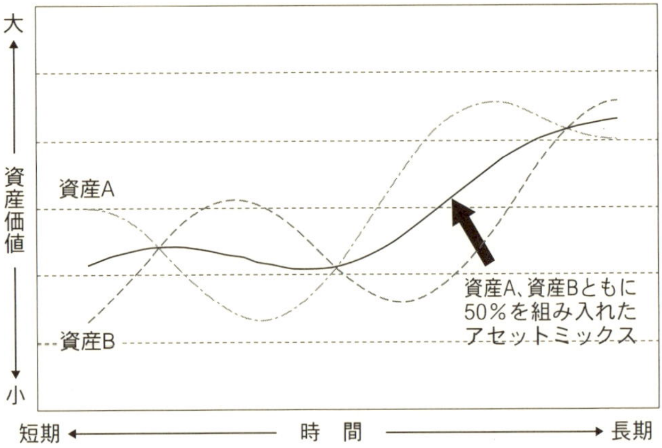

もリスク（リターンのぶれ）が低下するという効果が得られる。

⑶　分散投資効果の検証

では、実際のデータを用いて国際分散投資の効果を検証してみたい。

図表１－４は1985年１月から2001年12月までの17年間の各資産の市場の伸び率（いわゆるインデックス）を使って主要資産の組合せ効果を検証したものである。たとえば、国内債券と国内株式だけで構成されるポートフォリオ（国内債券50：国内株式50）の年率の投資収益率は3.78%であるのに対し、これに外国株式を組み入れたポートフォリオ（国内債券40：国内株式40：外国株式20）は5.18%、さらに外国債券を加えたポートフォリオ（国内債券40：国内株式30：外国株式20：外国債券10）は5.59%と、資産分散を高めるほどリタ

[図表1－4]　分散投資の効果（1985年1月～2001年12月における各資産の伸びと、4資産組入れのポートフォリオの累積複合リターン）

（1984年12月＝100）

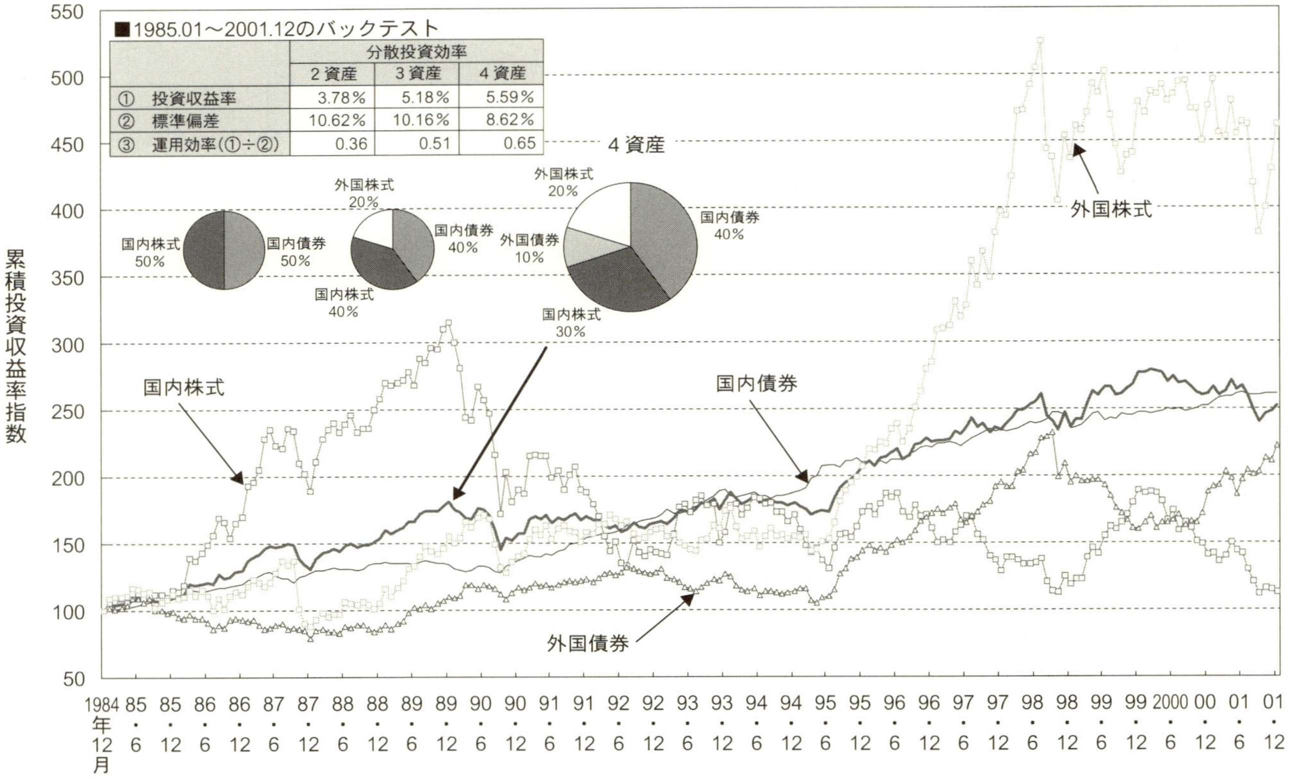

	分散投資効率		
	2資産	3資産	4資産
①　投資収益率	3.78%	5.18%	5.59%
②　標準偏差	10.62%	10.16%	8.62%
③　運用効率(①÷②)	0.36	0.51	0.65

ーンが向上していたことがわかる。これは、この17年間の資産の増加率をみた場合、国内２資産の場合は約1.8倍（100万円が180万円）であったのに対し、外貨資産を加えた４資産では約2.5倍（100万円が250万円）になったことを示している。一方、リターンのぶれを示す指標である標準偏差は、10.62％から8.62％まで低下している（したがって、リターンをリターンのぶれで示す標準偏差で割ったシャープ・レシオといわれる運用効率は、0.36から0.65へ大きく改善している）。つまり、２資産での分散投資の場合は、長期的には年率3.78％のリターンを確保できたが、年によっては△6.84％（＝3.78％－10.62％）の利回りを覚悟しなければならなかった。しかしながら、４資産での分散投資の場合は、年率5.59％と２資産でのリターンを上回るにもかかわらず、一方で覚悟すべきリターンの下ぶれは△3.03％（＝5.59％－8.62％）の利回りですんだということであり、国際分散投資の効果が表れている。

もっとも、この検証は国内債券50：国内株式50といった各資産間の資産配分比率を固定した場合の結果である。基準となる資産配分比率から、相場判断に基づき適宜資産配分比率を変更することをタクティカル・アセット・アロケーション（TAA）と呼ぶが、このタイプの投信実績をみると、必ずしもTAAで付加価値を獲得できていないという検証結果がある。

図表１－５では、当該タイプの投信が基準とする資産配分（いずれも日本を含むグローバル債券とグローバル株式を50：50で保有する）を固定し、市場平均どおりの運用（インデックス運用）を行っていれば３年間で年率3.2％のリターンが獲得でき、国際分散投資の効果（少なくとも預金金利をはるかに上回っていた）を得られていたのだが、前述の相場判断に基づくTAAを行うことで２％前後のリターンを毀損していたことになる。このようなことから、投資家の間ではTAAを行わず各人のリスク許容度に応じて決定した資産配分比率を固定して運用を行うケースが多くなりつつある。

(4)　国際分散投資の限界

ところで、先の図表１－４をよくみると、最近２年間についてはリターンが低下しており、４資産のケースでも2000年は△5.80％、2001年は△3.52％

[図表1－5]　資産配分（TAA）効果

	3年間の実績（年率）（99年1月～01年12月）	資産配分を基準線に固定した場合のリターン	乖　離　幅
ファンドA	1.2%	3.2%	△2.0%
ファンドB	1.0%	3.2%	△2.2%
ファンドC	1.6%	3.2%	△1.6%

（注）　モーニングスター社のWebサイトから国際ハイブリッド型（ヘッジフリー型）に分類される投信のなかから、3年以上の実績があり、かつ基準資産配分と各資産のベンチマークが判明されているものを抽出（3ファンド）。

と、標準偏差で想定される最大下落幅（前述した△3.03%）を下回っている。投信の場合でも、ライフサイクル型ファンドというネーミングが示すように、長い目でみれば相応のリターンが確保できるが、2年連続マイナスリターンという現象はやはり見過ごせない事態である。このように国際分散投資の効果が極端に低下するケースがあり、これが先ほど指摘した“落とし穴”である。

従来から分散投資の効用の代表事例としてグローバル株式があげられることが多い。というのは、グローバル株式は、各国の株式一つ一つをとればリスク（リターンの変動幅）は大きいものの、これを分散投資することにより全体としてのリターンの変動を抑制でき、リスクの割には比較的安定したリターンを享受できてきたという実績があるからである。しかしながら、最近の各国経済のグローバル化・クロスオーバー化により、各国経済の変動に同調性が生じるようになってきており、これが先ほどの例である2年連続のマイナスリターンにつながっているのである。

これは、図表1－6にあるように各国株式の相関をみればわかりやすく、1995年当初には米国株式（S&P500）とほぼ無相関であった日本株式（TOPIX）が2001年には0.5近くにまで上昇してきている。つまり、1995年当時は日米の株式市況はほぼ無関係な値動きであったものが、最近はかなり同調性があり、一方が上昇すれば他方も上昇するという関係になっており、運用パフォーマンス安定の条件である分散投資の効果が、経済のグローバル

［図表１－６］　米国株式（S&P500）と各国株式の相関の推移（36カ月ローリング）

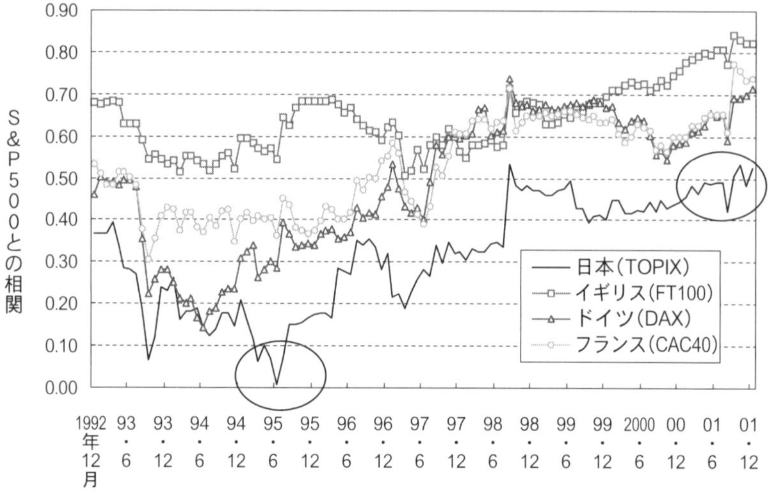

化・クロスオーバー化により低下していることが見て取れる。

４．　国際分散投資の効用低下をカバーするオルタナティブ投資

⑴　ダウンサイドリスクの抑制とアップサイドポテンシャルの追求

2000年・2001年にみられるようなマイナスリターンに陥るリスクを、一般に“ダウンサイドリスク”と呼ぶが、このようなダウンサイドリスクを抑制するためにはどのような対応策が考えられるであろうか。最も簡単な対応策は、ポートフォリオに現金（あるいは安全な銀行の預金）の組入れを行うことである。これによりポートフォリオ全体が市場の上げ下げに反応する度合い（これを“市場感応度”と呼ぶ）を引き下げることができる。

図表１－４の資産配分割合で４資産の国際分散投資を行う投信があるとすれば、この投信の購入比率を８割にして残りの２割を現金でもてば、2000年の△5.8％のリターンを△4.6％に抑えることができる。しかし、無利息の現金（預金金利も、現在ほとんど無利息に近い）をもつことは、その分もし市場が大きく回復した場合には上昇メリットがとれず、いわゆる“アップサイド

ポテンシャル”を放棄することになる。過去のデータを検証すると、株式のウェイトを引き上げた積極的ポートフォリオと安全資産である債券のウェイトが高い保守的ポートフォリオを比較した場合、ライフサイクル型ファンドでの図表1－2の例でもわかるように、積極的ポートフォリオのリターンは保守的ポートフォリオのリターンを上回っている。これは、積極的ポートフォリオのダウンサイドリスクはそれほどアップせず、むしろ積極的ポートフォリオから保守的ポートフォリオにシフトしたことによるアップサイドポテンシャルの放棄のマイナス効果のほうが大きい、ということを示している。

このようにポートフォリオの効率的な運営という観点からは、現金の組入れにより市場感応度を単純に引き下げるのではなく、現金のもつ市場感応度を引き下げる効果をもち、同時にプラスのリターンもねらえる資産を組み入れることで、できれば“ダウンサイドリスクの抑制”と“アップサイドポテンシャルの追求”という2兎を追うような資産、すなわち市場の上げ下げに関係なく常に一定のプラスリターン獲得を目指す絶対リターン型の運用商品があればよいことになる。

(2) ヘッジファンドの効用

オルタナティブ投資のなかにおいて、ベンチャーキャピタルを含むプライベート・エクイティは、運用実績は伝統的資産を凌駕しているものの、株式相場の上げ下げにかかわりなく常に一定のリターン獲得を目指すという面では弱点があり、ここに最も強みを発揮するのがヘッジファンドである。

図表1－7はヘッジファンドのリターンの絶対性を示すデータである。これは1990年代中盤以降のヘッジファンド業界全体の累積リターンと米国株式の累積リターンを比較したものだが、98年のロシア危機（ロング・ターム・キャピタル・マネジメント社の破綻がもたらしたヘッジファンド危機でもあった）を乗り越えて業界全体では株式並みのリターンを出し続け、2000年以降の株価下落局面でも右肩上がりの状況に変化がみられない。この期間中、年率で16.0%もの収益率を記録しているのである。

また、累積投資収益率のラインに凸凹があまりみられないのも特徴である。つまり、短期的にみてもぶれが少なく、同期間におけるリターンのぶれを示す標準偏差が5.5%と米国債券並みの低さである。すなわち、毎年16.0%±5.5%の間におおむねリターンが収まることになり、文字どおり、“ダウンサイドリスクの抑制”と“アップサイドポテンシャルの追求”が同時に達成されていたことになる（ただし、日本の投資家が米国のヘッジファンドに投資する場合は為替リスクを負うこと、もし為替ヘッジをかけて為替リスクをゼロにした場合はヘッジコストがかかることに留意しておく必要がある）。

［図表1－7］　ヘッジファンドと米国株式の累積投資収益率〈ドルベース〉

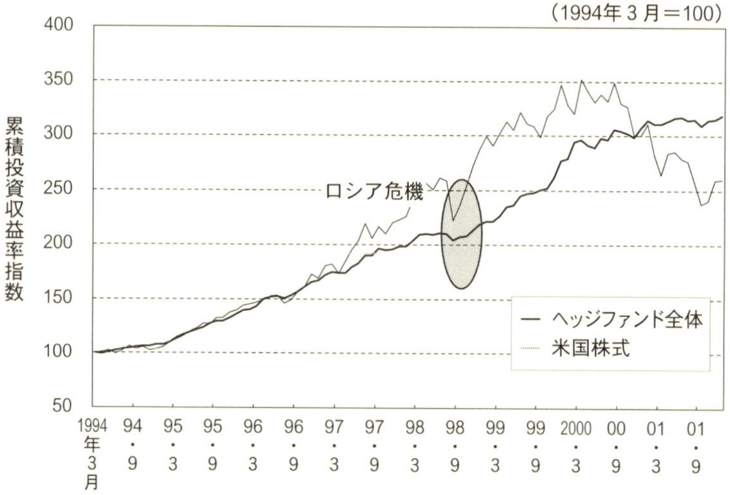

出所：FRM社（Financial Risk Management Limited）

第2節 ヘッジファンドのあらまし

1. ヘッジファンドの生い立ちと歴史

(1) ヘッジファンドの誕生

「なぜヘッジファンドは市場の上げ下げにかかわりなく、絶対リターンをねらうことができるのか」といったヘッジファンドの商品特性について語る前に、まずヘッジファンドの生い立ちと歴史について振り返ってみることにしたい。

ヘッジファンドは、米国の社会学者であったアルフレッド・ジョーンズが、1949年に“ヘッジ付き株式投資”を始めたのが起源とされている。ここでいうヘッジ付き株式投資とは、ある銘柄（群）を買い付け、他の銘柄（群）を空売りするといった株式のロング・ショート戦略のことで、さらに、パフォーマンスを高めるために、自己資金のみならず外部からも資金を調達し、その資金も株式に投資するといったレバレッジを活用したものであった（金融派生商品を使い小額の資金で元本の何倍もの多額な投資を行うケースもこれに相当する）。

(2) ヘッジファンドの定義

彼は、市場の上昇局面では、買い銘柄（群）は市場平均以上の成果（パフォーマンス）をあげる一方、売り銘柄（群）は市場平均以下の成果になると考えていた。また、市場の下落局面では、買い銘柄（群）は底固く推移する一方で、売り銘柄（群）は市場平均以下の成果になると考えていた。つまり、彼が考案したロング・ショート戦略は、市場の動きに翻弄されることなく、個別銘柄の選択力を活用することで、安定したリターンをねらうというコンセプトであった（図表1－8参照）。

ヘッジファンドは、ファンドマネージャーが自己資金を投入し、多様な市

［図表1－8］ ロング・ショート戦略の構造イメージ

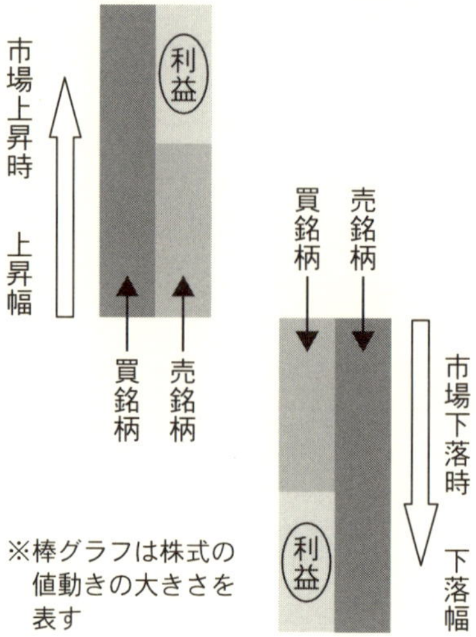

場へ自由にアクセスしながらロング・ショートやレバレッジを駆使する投資戦略と定義されるが、アルフレッド・ジョーンズのファンドは、ファンド設立時にそうした特徴を備えていた。

⑶ ヘッジファンドの軌跡

アルフレッド・ジョーンズのファンドは運用成果に応じた報酬体系（パフォーマンス・フィー）を採用していたが、1949年に17.3％を記録して以来、60年代を通してトップランクの投資信託を上回る成果をあげた。しかし、70年代の株式下落局面では、60年代の強気相場の幻想から数多くのヘッジファンドマネージャーがショート（空売り）ポジションを抑制して、売りと買いの差引きではネットロング（買持ち）のポジションで市場に臨み、大きな損失を抱えた結果、ヘッジファンド業界から撤退していった。アルフレッド・ジョーンズも例外ではなく、ニューヨークタイムズ紙によれば、58年から68年の10年間で1,000％以上の成果をあげたにもかかわらず、70年後半には運用資産は約2億ドルから約3,000万ドルへと急激に減少した（UBSウォーバーグ社『In Search of Alpha』（Oct 2000）からの引用）。

［図表1－9］　ヘッジファンドの歴史

1949年	アルフレッド・ジョーンズが株式のロング・ショート戦略をスタート。
1960年代	株式市場の上昇を受けて、多数のヘッジファンドマネージャーはヘッジポジションを外したことによって驚異的なリターンを獲得。1968年にはジョージ・ソロスやマイケル・スタインハートらを中心に約200社のヘッジファンドが台頭した。
1970年代	株式市場が反転下落するなかで、多数のヘッジファンドマネージャーは1960年代の幻想からヘッジポジションを外したままにしていたことから、大きな損失を計上するに至り、ヘッジファンド業界からの撤退が相次いだ。
1980年代	富裕層向けに、ジャガーファンド（ジュリアン・ロバートソン）、クォンタムファンド（ジョージ・ソロス）、マイケル・スタインハート・パートナーズ（マイケル・スタインハート）といったファンドが設立され、株式市場の上下にかかわらず、良好な成績を残した。1984年には、アルフレッド・ジョーンズが業界初のファンド・オブ・ファンズ（複数のヘッジファンドを組み合わせたバランス運用）を考案。
1990年代	大手機関投資家からの資金流入によってヘッジファンドが多数設立される。
2000年	ジョージ・ソロス、ジュリアン・ロバートソンらが相次いで引退を表明。
2001年	マネージャー数は6,000～7,000社（ヘッジファンドは会社型投信として設立されるケースが多いことから、本書では「会社」と表現する）、運用総額は約6,200億ドルの規模に至る（2001年6月現在）。

出所：UBS Warburg社『In Search of Alpha』（October 2000）、FRM社

その後、ヘッジファンド業界はジュリアン・ロバートソンやジョージ・ソロスらが主宰する有力ヘッジファンドが興隆し、また、ロング・ターム・キャピタル・マネジメント社（LTCM）の破綻を受けた1998年8～10月のヘッジファンド危機をはじめ、幾多の難局を乗り越えてきた。しかし、2000年に入り、資産額の拡大が資産運用の足かせになってきたことや投資家の指向が安定的な投資戦略にシフトしてきたことによって、有力ファンドの多くは市場からの撤退を余儀なくされた。

⑷ ヘッジファンドの原点回帰

一般的にヘッジファンドというと、英国通貨当局を相手にポンド売りを仕掛けたとされるジョージ・ソロスや、経営陣にウォール街出身者やノーベル賞学者を配したもののロシア危機の勃発を受けて破綻したロング・ターム・キャピタル・マネジメント社（LTCM）といった名前が頭に浮かび、「金融派生商品（デリバティブ）を活用しレバレッジを効かせることにより高いリターンをねらう、一般の投資家には不向きな投機的ファンド」というイメージがある。

そこで、ヘッジファンドの語源である「ヘッジ」について『証券分析用語辞典』（白桃書房）にあたってみると、「派生商品の利用法の一つ。（中略）……現物と先物に反対のポジションを建てることによって有効な価格変動リスクヘッジが図れる。つまり、現物と先物とが相似した値動きをするのであれば、一方の損失を他方の利益で相殺消去できる」とある。この解釈によれば、たとえば、一般の株式投資は買持ちポジションとなるので、予想が外れた場合には大きな損失となるが、ヘッジ付き株式投資の場合は反対ポジション（売りポジション）が存在することから、予想が外れ株価が下落したとしても株式投資の損失をある程度相殺でき、一般の株式投資よりも安定したパフォーマンスを得ることができることになる。

つまり、一般的にイメージされているヘッジファンドの姿は、ある一つの側面が誇張されており、むしろ一般的にイメージされているよりも安定的かつ合理的な側面をもっており、このため世界各国の機関投資家といわれる大手の銀行、生命保険および年金基金がヘッジファンドを新たに採用する動きがみられる。

ちなみに日本においても、ヘッジファンドの代表的投資戦略であるロング・ショート運用をトヨタ自動車厚生年金基金が開始するといった新聞記事（図表１－10参照）が掲載されていたが、これはヘッジファンドの安定的かつ合理的な商品特性が評価されたものであろう。

最近では、このようにアルフレッド・ジョーンズが考案した安定的な投資戦略であるロング・ショート運用がヘッジファンドの最もポピュラーな投資

[図表1－10]　年金基金によるオルタナティブ投資拡大の新聞記事
(2002年1月18日付日経金融新聞)

年金運用

オルタナティブ投資拡大

トヨタや日揮の基金

年金基金の間で裁定取引などオルタナティブ（代替）投資を活用する動きが広がってきた。大手のトヨタ自動車厚生年金基金が昨年末から実験的に運用を委託したほか、セコム厚生年金基金などは資産全体の一割前後を配分している。先行する米欧の年金ではリスク分散の手法として比重が高まっており、株価低迷や超低金利で運用難に直面する国内の年金運用でも利用が増加する見通しだ。（オルタナティブ投資は三面「金融辞典」参照）

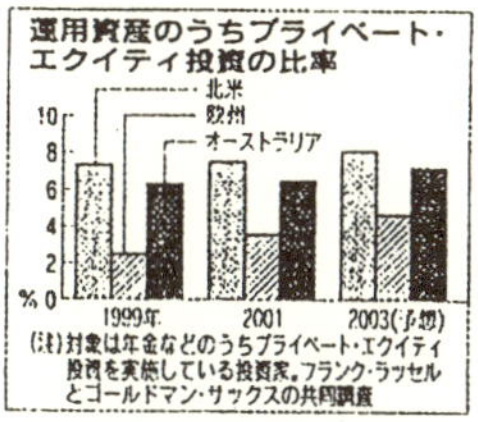

トヨタ厚年基金は昨年末に日本株の割高株を売って割安株を買う「ロング・ショート運用」に資産を配分した。運用額は全体（約六千億円）の一%に満たないとみられるが、期待通りの運用成果が出れば拡大する見込み。日揮厚生年金基金は二〇〇一年度から総資産の六%を米転換社債価格みの裁定取引で運用する外資系の金融機関に委託した。昨年末までの累計で三%程度の運用利回りを上げており、全体の運用成績を下支えしているという。

国内の先発組であるセコム厚年基金は直近で資産の八%をオルタナティブに振り向けている。外国株のロング・ショートなど十種類近い運用手法を利用している。総合型基金の東日本文具販売厚生年金基金も二割近くを配分している。

米フランク・ラッセルとゴールドマン・サックスが日本の大手年金を中心に実施した調査では、回答した四十四年金のうち十三年金がヘッジファンド、三年金がプライベート・エクイティ（未公開株など）を運用資産に組み入れており、オルタナティブ投資の関心の広がりがうかがえる。

同調査によると、先行した米欧では一段と比重が高まっており、運用資産に占めるプライベート・エクイティの割合は北米で一九九九年の七・三%から二〇〇一年は七・五%に、欧州は二・五%から三・六%に上昇した。「先進国の経済成長が鈍るなかで新たな運用対象として需要が増えている」（フランク・ラッセルグループ）と分析しており、二年後の計画ではいずれもさらに高まる結果となっている。

戦略になっているが、ヘッジファンドも誕生以来50年という歴史を経て原点回帰の動きがみられるようになってきている。

2.　ヘッジファンドの代表的投資戦略

ヘッジファンドの特徴は、内外債券・内外株式といったいわゆる伝統的資産とは低相関で市場性リスクが低く、非市場性リスク（マネージャーリスクや戦略リスク）が高い、絶対的リターンを指向する投資戦略という点にある。ゲートキーパーであるFRM社（Financial Risk Management Limited）によれば、以下にあげる「ディレクショナル・トレーディング」、「レラティブ・バリュー」、「セキュリティ・セレクション」、「スペシャリスト・クレジット」といった四つの投資戦略に分類される。なお、FRM社は、グローバル株式のインデックス・プロバイダーであるMSCI社（モルガン・スタンレー・キャピタル・インターナショナル）が2002年にリリース予定であるヘッジファンドインデックスの開発のパートナーに選定した有力ゲートキーパーである（ゲートキーパーについては、後記5.「ヘッジファンド業界におけるゲートキーパーの役割」を参照されたい）。

⑴　ディレクショナル・トレーディング

ディレクショナル・トレーディングは市場の方向性を、定量モデルあるいは定性判断に基づいて予測し、そのトレンドと同じ方向にポジションをとる投資戦略で、グローバル・マクロファンドはこの戦略に属する。

⑵　レラティブ・バリュー

レラティブ・バリューは、有価証券もしくは商品等における価格差（スプレッド）に注目し、買持ち（ロング）あるいは売持ち（ショート）を組み合わせ、価格差の拡大／縮小をねらう投資戦略である。買収企業と被買収企業との現時点と買収成立時点までのスプレッドの変動をリターンの源泉とするマージャー・アービトラージ（買収合併裁定取引）ファンドはこの戦略に属する。レラティブ・バリューは対象となる有価証券もしくは商品の売りと買いを同一金額とするため、典型的なマーケット・ニュートラル戦略に当たる。リスク要因は、マージャー・アービトラージファンドであれば買収・合併の中止である。

⑶　セキュリティ・セレクション

セキュリティ・セレクションは、個別銘柄のボトムアップリサーチに基づきロング（買い）ポジションとショート（売り）ポジションを組み合わせるもので、ネットのマーケットエクスポージャーによって分類される戦略である。買持ちであるロング・バイアス、非市場性リスクのみをマネージするノー・バイアス（マーケット・ニュートラル）、売持ちであるショート・バイアス（ショート・セラーズ）、市場判断により適宜ポジションをロングポジションからショートポジションまで変化させるバリアブル・バイアスがある。一般的にいわれるロング・ショートは、このバリアブル・バイアスに分類される。

⑷　スペシャリスト・クレジット

スペシャリスト・クレジットは、有価証券の収益性に対する専門的（スペシャリスト）な分析により信用リスクに比べて割安な銘柄に投資する戦略で、該当企業に不利なイベント発生による株式・社債の下落時に収益機会を求めるディストレスト・セキュリティーズファンドは、この戦略に属する。

3.　ヘッジファンド（ロング・ショート）の特徴

ヘッジファンドが市場の上げ下げにかかわりなく絶対リターンの獲得を目指す投資戦略であることは、これまでに何度も触れてきた。では、なぜこのようなことが可能となるのかについて、代表的投資戦略であるロング・ショート（ノー・バイアス）戦略でみてみたい。

⑴　ロング・ショート戦略

a.　ベータ値

運用におけるパフォーマンス分析において“アルファ値”と“ベータ値”がある。まずベータ値とは市場全体、たとえば東証株価指数（TOPIX）に連動する部分を指しており、どのような銘柄でもある程度の期間をとってみると、市場の動きと個別銘柄の値動きには同調性があることが多く、これがベータ値（市場感応度）である。ちなみに、市場全体に完全連動することを目指すパッシブファンドではベータ値は１ということになるが、数十から数百銘柄を組み入れたファンドでもベータ値はだいたい0.9～1.1あたりになるのが一般的である。

b.　アルファ値

次に、アルファとは何かというと、市場全体の動きに左右されない個別銘柄独自の価値の部分を指しており、一般的に優良銘柄であればあるほどアルファ値は高いということになる。ロング・ショート（ノー・バイアス）戦略とは、市場全体の上げ下げに左右されない運用を目指し、アルファ値の高い優良株を買う（ロングポジション）と同時にアルファ値の低い株を売る（ショートポジション）ことでネットポジションをニュートラルとし、市場感応度であるベータ値をゼロに近づける一方、リターン獲得はアルファ部分に絞り込む運用である。

このアルファ部分のみで、たとえば10%程度のリターンをねらうとすれば、これは市場の上げ下げに影響されるベータ値とはリンクしていないため、ヘッジファンドは絶対リターンだということになる。

c.　具体的戦術

ところで、このように個別銘柄のアルファで勝負し、ベータ値がゼロに近いということは、相場の下落局面に強い半面、数十%を超える大幅な上昇局面にはついていけないことになる。たとえば、ベータ値が0.1のファンドの場合、市場全体が30%上がってもベータ部分では30%×0.1（ベータ値）の３%しか上昇せず、これにアルファ部分の獲得リターンである10%が上積みされ、ファンド全体としてのリターンは13%にとどまることになる。

このようにロング・ショート（ノー・バイアス）戦略では、割安と思われる株をロング（買持ち）すると同時に、割高と判断する株をショート（空売り）する。記憶に新しいところでは、ある日本株のヘッジファンドマネージャーは、昨年ジャスコ（現イオン）を買ってマイカルを売ることで利益をあげたといわれており、これなどはマイカルの倒産というイベント（事件）の発生にかけたイベント・ドリブン型のロング・ショート戦略といえる。

d.　リスクの概念

ところで、伝統的な資産運用の世界におけるリスクの概念はリターンのぶ

[図表1－11]　ダウンサイド・ディビエーション(12カ月ローリング；月次ベース)

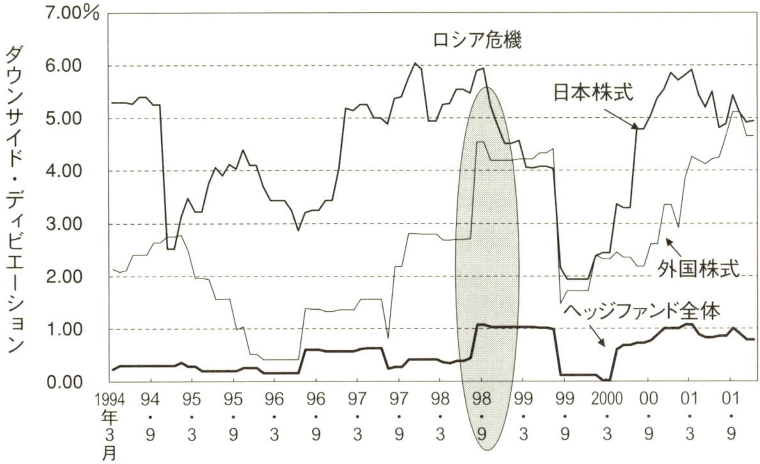

出所：FRM社

れ（標準偏差）を指すが、当然ながらこのぶれには下ぶれだけでなく上ぶれも含まれる。しかしながら、一般の世界ではリスクとは損失のことであり、プラスのリターンをリスクとはとらえない。絶対リターンを追求するヘッジファンドのリスク把握には、一般の世界と同様に、マイナスリターンである損失のみをリスクと認識し、プラスリターンは0（ゼロ）に置き換えて計算する“ダウンサイド・ディビエーション”という指標が用いられるケースがある。このダウンサイド・ディビエーションによりヘッジファンドの相場下落時に強みをもつ絶対リターンという商品特性を確認したのが図表1－11である。これをみればヘッジファンドがマイナスリターンとなるケースが少なく、相場下落時に強みをもつということがよくわかる。

⑵　ヘッジファンドの真の姿

これまでの話で、ヘッジファンドは一般的にイメージされるようなうさんくさい投機的な商品ではなく、市場の下落局面に強く絶対リターンを獲得できることについて合理的裏付があり、「高金利に着目した社債には発行会社の破綻によるデフォルト（債務不履行）リスクが気にかかり、定期預金はペイオフ（金融機関破綻時の預金払戻保証額を元本1,000万円とその利息とする措置）が、最も安全と思われる日本国債ですら金利上昇あるいは格下げリスクがある。いわんや、リスク資産である国内株は下落リスクがもっと怖い」という現在の運用難時代に解決策を提示する運用商品であることがおわかりいただけたものと思う。

4. ヘッジファンド取組みの際の留意点

しかしここまで聞くと「そんなうまい話が世の中にあるのか、うまい話には落とし穴があるのではないか」と思われる読者が多いのではないだろうか。事実、ヘッジファンド投資を行うにあたっては、この落とし穴に陥らないために、これから指摘する留意点に注意を払う必要がある。

(1) マネージャーリスク

まず第一のポイントは、運用機関（ヘッジファンドマネージャー）の力量の違いによるパフォーマンスのバラツキが伝統的資産とは比較にならないくらい大きいということを理解することである。理解を容易にするために、二つの例を使って説明したい。過去３年間の実際の個別銘柄のリターンから算出したアルファとベータを利用して、ロング・ショート戦略のむずかしさを説明する。

a. 事例研究

図表１－12は、日立と東芝、トヨタと日産という、どちらも比較的類似した企業の組合せを取り上げている。先に、ロング・ショート戦略は、ベータをゼロに近づけて株式市場の全体の動きからの感応度を少なくし、銘柄固有のリターンであるアルファの格差をとる運用であると述べた。したがって、基本的にはベータ値が同じような組合せでポジションを組むことが望ましい（実際はロング・ショートのポートフォリオ全体で、ベータリスクをゼロに近づけ

[図表1－12]　各社のアルファ値・ベータ値

	過去3年（99年2月～2002年2月）	
	ベータ	アルファ
日立製作所	1.27	0.26
東芝	1.26	△0.11
トヨタ自動車	1.03	0.26
日産自動車	0.56	0.68

るのであるが、ここでは問題の単純化のために個別銘柄ベースで議論を進める）。ここに取り上げた銘柄は、同業種で大型企業という点も似ており、ロング・ショート戦略のマネージャーが、これら二つの企業の株価が比較的似たような動きをすると想定し、ロング・ショート戦略の組合せとして取り上げたとしても不思議ではない。

では、このような組合せのポジションをとると、実際にどのような展開になったかを振り返ってみよう。

まず、日立と東芝である。あるマネージャーが、1999年2月の段階で日立をロング、東芝をショートとするポジションを組んだとしよう。その後の彼の戦略はどのようになっただろうか。99年2月から2002年2月までの3年間で、日立と東芝のベータ値はほぼ同じであるから、このロング・ショートポジションのベータ値はほぼゼロとなり、市場感応度をほぼ完全に打ち消すことができたことになる。さらに、アルファ値は日立がプラスであるのに対し、東芝はマイナスであるから、アルファ格差もうまくとれたことになる。つまり、ベータ値をゼロに近づけることで市場全体の変動の影響をなくし、銘柄独自のアルファ格差だけをとるというロング・ショート本来の戦略がうまくいったことになる。

一方、同じような組合せであるトヨタと日産のケースをみてみよう。トヨタをロング、日産を同額ショートにしていたら、いったいどのような結果となっただろうか。

まず、ベータ値であるが、この期間、トヨタは市場平均とほぼ同じ動きをしたため、ベータ値は1.03となっている一方で、日産は市場の動きとはかなり違った動きをしたためベータ値は0.56となっており、先ほどの日立と東芝の例とは異なりベータ値に相当の違いがある。このマネージャーが、トヨタと日産が同じようなベータになると想定し、トヨタのロング、日産のショートで、ベータゼロを達成し市場の変動性の影響を排除しようとしていた場合、それは達成できなかったことになる。しかも、当該期間は、TOPIX 自体が下落しているため、ベータリスクを消去できなかった（ロングしたトヨタのベータ値が日産のそれよりも大きいので、ポジションとしてはベータがプラスとなっている）分、市場全体の下落の影響も被ってしまったことになる。さらに、銘柄独自の動きであるアルファも日産のほうが大きくなったため、アルファ格差の部分でもマイナスを被ったこととなる。当該期間は、日産はカルロス・ゴーン氏によるリバイバルプランでの再生過程にあったため、そうした個別企業の特殊事情を株式市場が評価した結果、市場全体の動きとは大きく異なった評価を受けたものと思われる。こうした個別銘柄特有の動きが大きく影響するのもロング・ショート戦略の特色といえる。

この二つの例をもう一度整理してみる。日立と東芝の組合せは、ベータ値をゼロに近づけることができたとともにアルファ格差をうまくとることができたわけであるが、トヨタと日産の組合せは、ベータ値をゼロにできなかったために市場変動リスクを被り、さらにアルファ格差も想定と逆になってしまったために、アルファ、ベータ双方の点でマイナスを被ったことになる。

このように、ベータ値である市場感応度をゼロに近づけ、銘柄独自のアルファ格差をとるというロング・ショート戦略は、銘柄選択およびその組合せ次第でリターンの出方は大きく異なってくる。ロング・ショート戦略では銘柄選択・組合せが超過収益源泉のすべてであるため、マネージャーの能力によってリターンは大きく異なることになる。

b.　ベータの消去・アルファの獲得

以上、過去の実際の例を使って説明したが、いかにして将来の銘柄間のアルファ値とベータ値を推定し、銘柄選択とそのロング・ショートの組合せによってベータを消去し、アルファのみを獲得できるポジションを構築するかが、この投資手法のポイントであり、この部分に運用機関の巧拙が表れる。ロング・ショート戦略は、伝統的運用に比べて市場の変動の影響を少なくすることは可能であるものの、実際にリターンが獲得できるかどうかは、運用機関の銘柄選択能力にかかっている（以上の例は、ロング・ショート戦略の理解を深めるために、非常に単純化した例で説明したが、ロング銘柄とショート銘柄の組合せで市場変動性を極力少なくするためには、通常は複数のリスク管理を必要とする。この点に関しては、(3)アセットマッチングの項目で再び述べることにしたい)。

なお、図表１－13は、株式のロング・ショートタイプの商品を運用するヘッジファンドマネージャーの過去のリターン分布図であるが、相当なバラツキがあることがわかる。たしかに毎年10～20％とリターンの平均値は高いが、上位のマネージャーと下位のマネージャーとでは雲泥の差があり、2000年を例にとれば、最高のマネージャーは65％ものリターンをあげたが、最低は１％である。上位４分の１と下位４分の１でも20％程度の格差があった。

[図表１－13]　ロング・ショート戦略におけるマネージャーのリターン分布

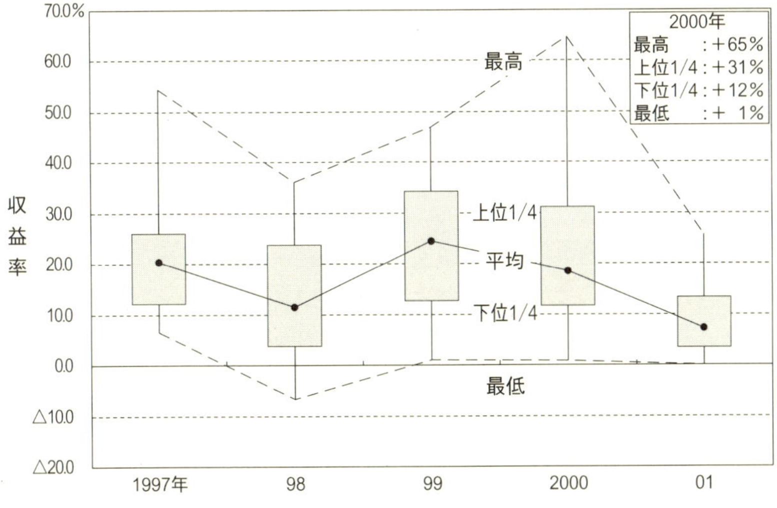

出所：FRM社

⑵ マネージャーの粗製濫造

“マネージャーリスク”といえば、最近ヘッジファンドの消滅が早まる傾向にあるといわれている。「運用に関しては自信もあり実績もあるにもかかわらず、そうではない同僚と給料にさほど大きな差がつかない。大きな組織では意思決定は合議制で個人の裁量の余地は限られ自由な運用ができない」といった不満をもつ大手運用機関のファンドマネージャーが、「合議や社内調整といった煩わしさから解放され自分が思うような運用がやりたい。しかも成功すれば従業員ではなく経営者として大きな報酬増が期待できる」と考えヘッジファンドを設立するケースが多い。しかし、一方で運用の経験はあっても会社経営の経験のないファンドマネージャーにとっては会社設立の煩雑さや経営者としての苦労もある。

ところが、ヘッジファンドに貸株や融資を行う、日本でいえば証券会社にあたるプライム・ブローカーが自らの手数料増加をねらい、ファンド設立からオフィス提供といった便宜を図り会社設立の手助けを行うケースまで出てきているため、最近ヘッジファンド設立が容易に行える、いわば“マネージャーの粗製濫造”ともいえる状況が発生している。

ここで、ヘッジファンド業界におけるプライム・ブローカーおよび事務代行会社であるアドミニストレーターとヘッジファンドの関係を図示すると図表１－14のとおりとなる。ヘッジファンドは投資家からの投資資金のみならず外部からも資金調達を行い運用を行うが（これが、いわゆる“レバレッジ”と呼ばれる）、プライム・ブローカーは有価証券の注文執行・約定決済という証券業務以外にこのレバレッジのための融資を行い、有価証券の空売りの際にもそのための有価証券の貸出を行う。このようにプライム・ブローカーは証券会社の役割にとどまらず融資・貸株という取引においてもイニシアチブを握っており、ここに伝統的運用機関とは異なるヘッジファンド特有のリスクが存在する。

[図表1－14]　ヘッジファンドの関係者イメージ

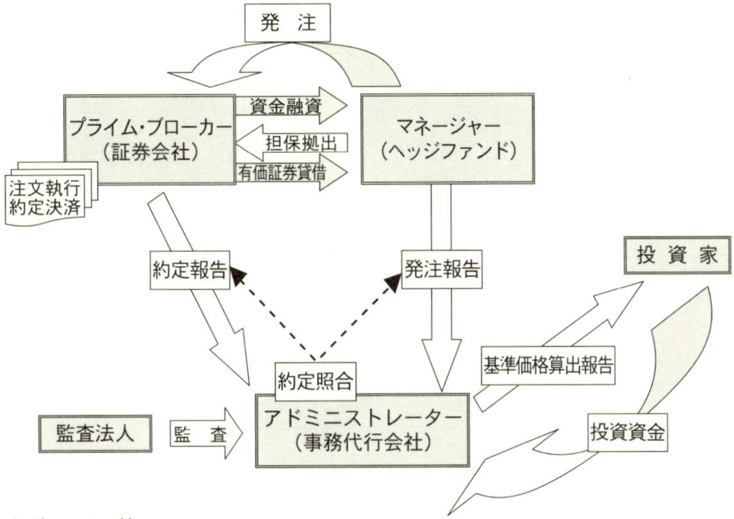

出所：FRM社

⑶　アセットマッチング

ロング・ショートのようなヘッジファンドの投資手法において、留意しなければならないのは“アセットマッチング”である。たとえば、先ほど、株式のロング・ショート戦略は市場そのものの変動に連動する部分（ベータ）を買いと売りで相殺し、個別銘柄の固有の動き（アルファ）の格差をとる手法であると述べたが、ベータリスクの調整はそれほど単純ではない。株式であれば「大型株と小型株」、「成長株と割安株」といった、いくつかのファクターに分解することができるが、ファクターをまたがってマッチングさせても十分ヘッジしたことにならず、ベータリスクがコントロールできているとはいえない。

図表1－15は、1999年の上昇相場においてテクノロジー株ロング（買持ち）／資源株ショート（売持ち）にしていたロング・ショートマネージャーのパフォーマンスであるが、アセット・ミスマッチもしくはセクター・ミスマッチの典型的な例である。実際、99年は世界的なIT相場の波に乗って爆発的なリターンをあげていたが、2000年に入り、グロースとバリューのパフォ

[図表1－15]　テクノロジー株ロング／資源株ショートの事例

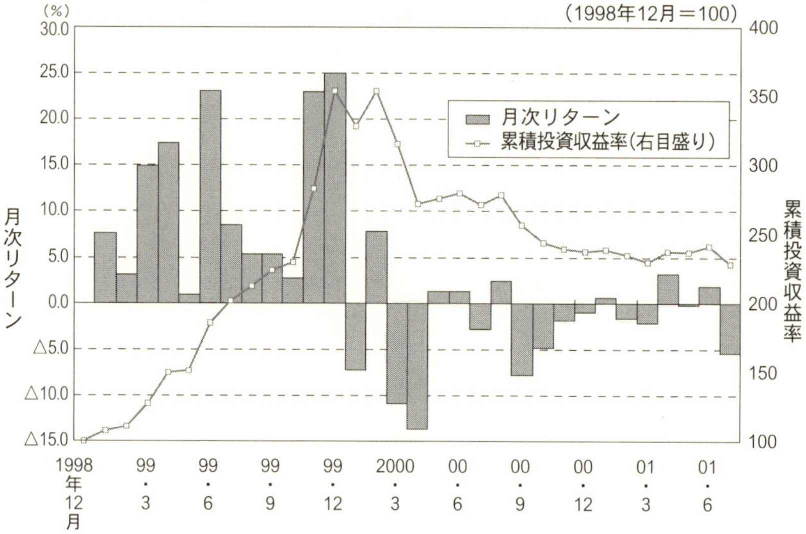

出所：FRM社

ーマンスが一転したことからダブルの損失を被った。

図表1－16は、さらに大きなロスが生じた例で、当該ファンドはロシア債ロング／米債ショートでポジションをニュートラルにしていたが、1998年のロシア危機でロシア債急落・米債上昇でダブルの損失を被っただけでなく、ロシア債市場に流動性がなかったため損切りもできずにロスの拡大を指をくわえてみざるをえないという最悪の事態に陥った。

このような事例は、ポートフォリオに内在するベータリスクを十分把握できなかった（あるいは把握しながらあえて大きなリスクテイクを行った）極端な例であるにしても、ロング・ショート戦略にはマッチングするアセットの詳細なファクター分析が必要であり、マネージャーのスキルが試される。個別銘柄の選択（アルファ）のみで勝負するマネージャーは、ベータ・ニュートラルのポートフォリオを構築するが、セクター配分（たとえば、ハイテク株ロング／金融株ショート）も収益源泉とするマネージャーは、あえてベータのリスクをとって期待リターンとの兼合いでポートフォリオを構築する。

[図表１－16]　ロシア債ロング／米債ショートの事例

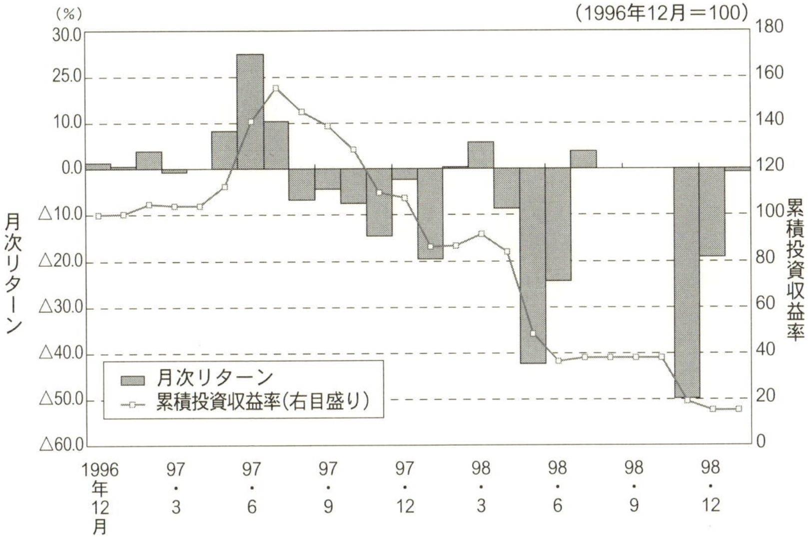

出所：FRM社

また、ロング・ショート戦略を採用していても、レバレッジを効かせることにより、より高いリターンを追求する場合や、売りと買いのどちらか一方にバイアスをかけ、ネットポジションでベータリスクをとることでリターンを追求する手法もある。FRM社では、ネットポジションが小さいロング・ショート戦略をノー・バイアスに分類しているが、買いの比率の高い手法はロング・バイアス、売りの比率の高い手法はショート・バイアスと細かく分類することでリスク管理を行っている。

(4)　右肩上がりの相場

ヘッジファンド投資を行うにあたり留意すべき最後のポイントは、ヘッジファンドが大幅な右肩上がりの相場上昇の際にはあまり魅力的な運用商品ではないということである。これは運用難のいま、ヘッジファンドが注目を浴びつつあることと裏腹の関係にある。

ヘッジファンドの市場感応度であるベータ値が低いことは前述したとおり

であり、たとえばベータ値が0.1のファンドであれば、市場全体が30%上昇してもベータ部分では30%×0.1（ベータ値）の３%しか上昇せず、これにアルファ部分の目標獲得リターンが10%であれば、ファンド全体のリターンは13%ということになる。つまり、市場全体が30%も上昇するような状況のなかでは、ベータ値が１で、市場に完全連動するため30%のリターンが稼げ、かつ運用報酬の安いインデックスファンドのほうが、市場に連動せず運用報酬も高いヘッジファンドより魅力的な運用商品といえる。

ここに、運用先進国といわれる米国においてヘッジファンドと同じオルタナティブ投資の範疇に入るベンチャーキャピタル（新興企業への投資ファンド）、バイアウト（Buyout；企業買収ファンド）、メザニンファンド（非公開企業の優先株や劣後債への投資）といったプライベート・エクイティに比べ、ヘッジファンドが個人富裕層はともかく、年金基金にはほとんど受け入れられなかった理由がある。

図表１－17にあるように、1990年代後半、オルタナティブ投資は年金基金において大きな伸びを示したが、それはプライベート・エクイティ等オルタナティブ・アセットへの取組みであり、ヘッジファンドを取り組む年金基金はごく少数であった。これにはFRB議長であるグリーンスパンが“根拠なき熱狂”と指摘した90年代の米国株式の右肩上がりの相場状況が反映されており、年金基金は米国株式以上のリターン獲得が期待できるプライベート・エクイティ投資を活発化させたのである。

一方、対ベンチマーク運用（市場全体の上げ下げへの追随度、勝ち負けを運用パフォーマンス判定基準とする運用）が主流である年金基金にとって、1990年代の米国株式の右肩上がりの相場のもとで、一般的にはこれを凌駕するリターンを獲得できないヘッジファンドは魅力的な運用商品とはいえなかった。このため、ゲートキーパーの資料のなかにはリターンの高さではなく、シャープ・レシオの高さという運用効率の良さをヘッジファンドのアピールポイントとしているものが多い。

しかしながら、株式相場の右肩上がり神話の崩壊とともに、従来ヘッジファンドへの取組みにはあまり熱心ではなかった年金基金においても、グロー

[図表1－17]　米国年金市場におけるオルタナティブ投資への取組状況

残高上位200 確定給付年金市場	1998年		1999年		2000年		2001年	
		構成比		構成比		構成比		構成比
資 金 残 高（単位：10億＄）	2,641.2	100.0%	3,008.9	100.0%	3,358.3	100.0%	2,854.8	100.0%
自家運用	958.4	36.3%	1,034.1	34.4%	1,138.5	33.9%	931.3	32.6%
株式インデックス	590.9	22.4%	681.9	22.7%	742.8	22.1%	601.8	21.1%
債券インデックス	78.8	3.0%	123.2	4.1%	135.1	4.0%	130.6	4.6%
エンハンスト株式	＊＊	＊＊	80.0	2.7%	96.9	2.9%	74.3	2.6%
エンハンスト債券	＊＊	＊＊	20.5	0.7%	33.8	1.0%	29.7	1.0%
不動産出資	79.8	3.0%	83.4	2.8%	93.3	2.8%	108.3	3.8%
モーゲージ	12.6	0.5%	26.2	0.9%	28.2	0.8%	31.8	1.1%
REITs MBS	0.0	0.0%	9.3	0.3%	13.8	0.4%	14.4	0.5%
国際投資	299.1	11.3%	303.2	10.1%	334.3	10.0%	272.0	9.5%
エマージング	27.4	1.0%	39.5	1.3%	39.2	1.2%	31.5	1.1%
オルタナティブ	79.5	3.0%	90.6	3.0%	150.1	4.5%	129.8	4.5%
ヘッジファンド	＊＊	＊＊	＊＊	＊＊	＊＊	＊＊	3.2	0.1%
ベンチャーキャピタル	12.4	0.5%	17.6	0.6%	34.0	1.0%	25.3	0.9%
オイル／ガス	1.3	0.0%	1.6	0.1%	1.7	0.1%	2.2	0.1%
プライベート・デット	9.3	0.4%	4.2	0.1%	4.9	0.1%	2.3	0.1%
プライベート・エクイティ	16.4	0.6%	49.0	1.6%	79.7	2.4%	77.5	2.7%
ディストレスト	0.7	0.0%	1.8	0.1%	1.6	0.0%	3.1	0.1%

出所：Pensions & Investments

バルカストディアン誌2001年春号における「かつては個人富裕層だけに限られていたヘッジファンド投資が、機関投資スタイルの主流になりつつある。ハイリターンが年金基金を引きつけ、今やオルタナティブ投資戦略ではなくなっている。ヘッジファンドはコア／サテライト投資戦略のサテライトの重要な部分になっている」という記事が示すように、ヘッジファンドへの取組意欲が高まっている。

5.　ヘッジファンド業界におけるゲートキーパーの役割

(1)　ゲートキーパーとは

「マネージャー間のリターン格差の大きさ」、「粗製濫造マネージャーのふるい分け」、「本当にヘッジと呼ぶにふさわしいアセットマッチングが行われているか」といったヘッジファンドの留意点を踏まえたうえで、その数6,000〜7,000社（ヘッジファンドは会社型投信として設立されるケースが多いことから、本書では「会社」と表現する）ともいわれ、現在も増え続けている世界中のヘッジファンドのなかから情報網を張り巡らし、安全で優秀なマネージャーだけを選別することは、一般の投資家にはもちろんのこと機関投資家であっても至難の業である。しかも優秀なマネージャーは、運用資産が膨らみすぎると思うようにリターンが獲得できなくなるという理由から自らアピールしない傾向がある。そこでクローズアップされるのが“ゲートキーパー”という存在である。

ゲートキーパーとは、文字どおり門番（ゲートキーパー）としてファンド選定やファンド選定後の管理およびモニタリングを行い、投資家がいわゆる“ワンストップショッピング”を行ううえでのコンサルタント的な役割を担う。特にヘッジファンド投資では、前述のとおり全世界に散らばる数多くのヘッジファンドを調査し、調査すべき内容も複雑多岐にわたるためゲートキーパーの存在が必須となる。

また、ヘッジファンドではマネージャーごとのパフォーマンス格差の大きさに加え、ロング・ショート、イベント・ドリブンといった投資手法（これ

[図表1－18]　ファンド・オブ・ファンズの形態イメージ

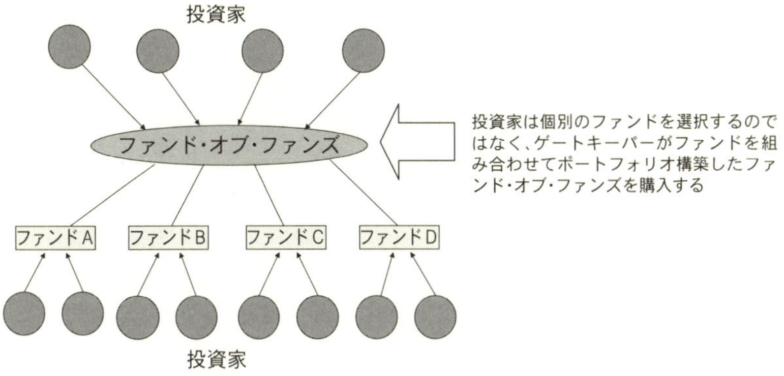
投資家
ファンド・オブ・ファンズ
投資家は個別のファンドを選択するのではなく、ゲートキーパーがファンドを組み合わせてポートフォリオ構築したファンド・オブ・ファンズを購入する
ファンドA
ファンドB
ファンドC
ファンドD
投資家

を“セクター”と呼ぶ）によるパフォーマンス格差も大きい。この“マネージャーリスク”および“セクターリスク”を分散するために複数のマネージャー、セクターを組み合わせてポートフォリオを構築する“ファンド・オブ・ファンズ”の方式が採用されることが多い。このファンド・オブ・ファンズ組成には、ファンド選定・スキーム管理のスペシャリストであるゲートキーパーの存在が欠かせない（図表1－18参照）。

⑵　ファンド・オブ・ファンズの選定プロセス

FRM社では6,000社超のヘッジファンドを第一次の投資対象候補として選び出し、そこからさまざまな定量的な基準を満たした3,000社あまりのファンドを初回面談対象に選定する。さらに、定量・定性面でのスクリーニングを繰り返して格付を行い、最終的には130社程度（業界全体のトップ2％程度）のファンドを投資適格とする（図表1－19参照）。

実際のポートフォリオは、ファンド間の分散効果が効き安定的な絶対リターンが確保できるように30～40社程度のファンドでポートフォリオを構築している。このスクリーニングにはヘッジファンドマネージャーの家族構成チェックから、場合によっては素行調査までが含まれる。なぜならば、組織運用を標榜する大手運用機関とは違い、特定個人の運用能力に依存する小規模ヘッジファンドの場合、家庭に問題があって何か悩みを抱えていると運用に

［図表1－19］　FRM社によるファンド・オブ・ファンズの選定イメージ

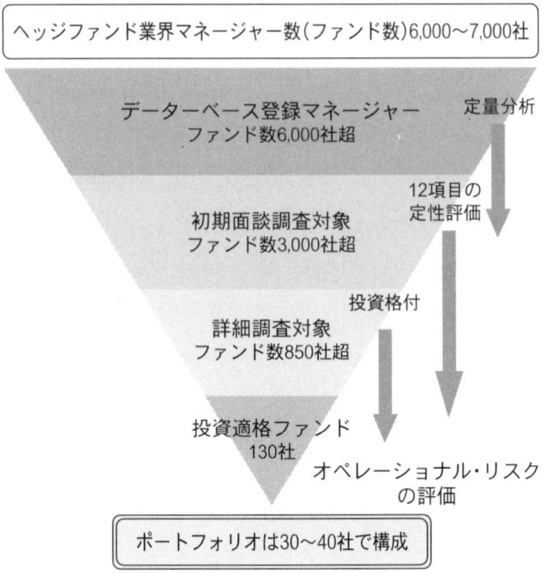

出所：FRM社

差し障りが生じる可能性もあるからといわれている。そして、それが根本的な問題であると判断すれば、過去にどんなにパフォーマンスが良くてもファンドを解約するほど徹底している。

また、マネージャーが自己資金を投入しているかもチェックするのである。というのは、この業界では自らの資産を投入できないような自信のないファンドは投資するに値しないと考えられており、ある意味ヘッジファンドの世界は伝統的運用機関とは異なる価値観の世界であり、このようなヘッジファンド業界特有の事情に精通し、調査を行うことは機関投資家ですら困難である。

ゲートキーパーはヘッジファンドというある意味で特殊でクローズドな業界の一員であり、だからこそファンドマネージャーはゲートキーパー（具体的にはゲートキーパーに所属するアナリスト）に気を許しディスクローズする。実際のところ、アナリストが最も貴重な情報（たとえば、人間関係などの）を得るのはパブで一杯やっているときだという話もあるくらいである。

ちなみにファンド・オブ・ファンズという運用形態では、個々のファンドに加えゲートキーパーにも報酬を支払う必要があることから、コスト面を考えると自らファンドを選定したほうがメリットがあるという指摘がある。しかしながら、ヘッジファンドの場合、自らゲートキーパーの役割を果たせるほどの機関投資家であればともかく、一般投資家にとってはそれを差し引いても、ゲートキーパーの役割はなお有効であるといえよう。

また、ポートフォリオ構築面でのゲートキーパーの役割も大きい。一般にヘッジファンドといっても、その種類は相当幅が広く、たとえば株式のロング・ショート戦略はその一つの種類にすぎない。ロング・ショート戦略のなかですら、先ほどのアセットマッチングの項目で述べたが、大型株・小型株・成長株・割安株といったどのファクターでのロング・ショート戦略なのかにより中身は異なるため、それらをどのように組み合わせるかがゲートキーパーの腕の見せどころになる。数ある手法を分散し、また地域（国）を分散して最適なポートフォリオを作り上げるスキルについても、ゲートキーパー以外の投資家が行うことはむずかしい。

本章においては、「超低金利状態の長期化」、「株式マーケットの下落」、「相次ぐ金融機関および一般事業会社の破綻による信用リスクの顕在化」という国内市場における運用難の状況に加え、海外市場も「米国株式市場の右肩上がり神話の崩壊」により不安定要因が増大している環境下、オルタナティブ投資、特にヘッジファンドが注目を浴びている背景を概観してきた。

ではこれから第２章以降において、ヘッジファンドを含めたオルタナティブ投資の詳細について迫ることにしたい。

第 2 章

オルタナティブ投資を解明する

第1節 オルタナティブ投資とは何か？

1. オルタナティブの定義と分類

オルタナティブ（Alternative）とは、「別の、他の、他の手段」という意味で、資産運用の世界では、債券・株式・通貨を“伝統的資産”と呼ぶのに対して、それ以外を“オルタナティブ”と呼んでいる。一般に、オルタナティブには、「アセットクラスとしてのオルタナティブ（オルタナティブ・アセット）」と「投資戦略としてのオルタナティブ（オルタナティブ・ストラテジー）」という二つの意味があり、前者は“代替資産”、後者は“代替投資”と和訳される。

代替資産とは、不動産や貴金属といった伝統的資産とは異なるリスク・リターン特性をもつ運用資産の総称で、プライベート・エクイティ（未公開株）や天然資源（石油、天然ガス、森林）といった、一般になじみの薄い新しい分野の運用資産を指す。不動産についても、従来は買切り中心であったものが、最近では、ABS（資産担保証券；Asset Backed Securities）やREIT（不動産投資信託；Real Estate Investment Trust）などの証券化商品が代替資産として注目されている。

一方、代替投資とは、債券・株式・通貨といった伝統的資産での運用ではあるものの、取引手法が斬新かつユニークな投資戦略を指し、運用商品としては、ヘッジファンドやマネージド・フューチャーズが該当する。伝統的資産を使った投資戦略という意味で、ヘッジファンドとマネージド・フューチャーズを“パブリックマーケット投資”と呼ぶケースもある。

このようなオルタナティブ投資は、たしかに伝統的資産との相対比較では時価評価や流動性に難がないわけではない。ただし、パブリックマーケット投資は比較的流動性が高く時価評価も容易で、そうした点でプライベート・エクイティ投資や不動産・天然資源投資よりも優れている。しかし、リター

［図表2－1］　オルタナティブ投資の種類

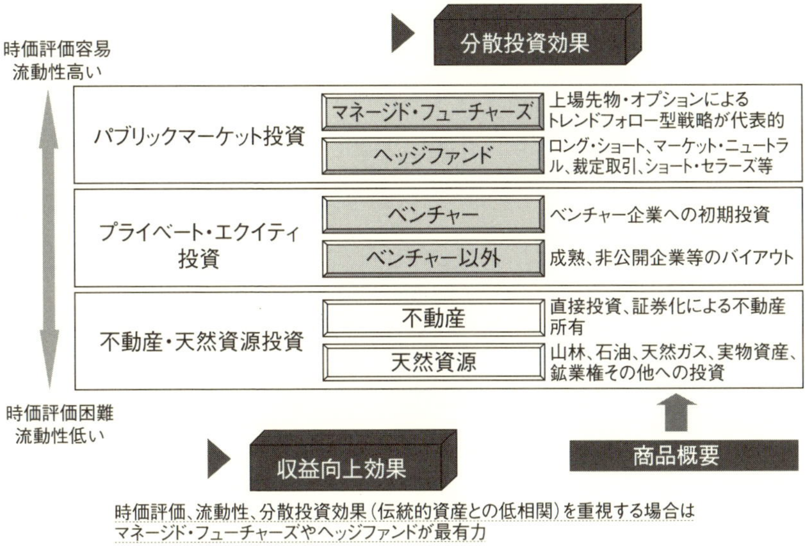

ン水準は、一般に後者のほうが高く、流動性や期限の利益をギブアップする見返りとして高いリターンを享受できるという関係にある（図表2－1参照）。

オルタナティブ投資に対するマーケットニーズの背景については、第1章で述べたところであるが、オルタナティブ投資を構成する個別の投資戦略について、これから簡単に紹介することにする。

2.　パブリックマーケット投資

パブリックマーケット投資は、流動性や時価評価という点で、他のオルタナティブ投資よりも優れているヘッジファンドやマネージド・フューチャーズといった運用商品を指す。ヘッジファンドは、本書が取り扱うメインテーマで、この後、詳しく取り上げることから、ここではマネージド・フューチャーズについて解説する。

⑴ マネージド・フューチャーズとは

マネージド・フューチャーズは、1949年に米国のR.ドンシャンが公募ファンドを設立したのが始まりで、債券・株式・通貨・商品にかかわる上場先物やオプション取引を駆使し、チャート分析等のテクニカル分析によって市場の方向性を収益源泉とする投資戦略である。ヘッジファンドの分野にもディレクショナル・トレーディングと呼ばれる投資戦略（後記第2節2「ヘッジファンドインデックスの概要」参照）があるが、ヘッジファンドとマネージド・フューチャーズとの違いは、前者は、ファンドマネージャーによる“ジャッジメンタル”と“クォンツ”といった二つのアプローチが併存するが、後者は、主としてクォンツアプローチが中心というくらいでお互いにクロスオーバーするジャンルといえる。

⑵ マネージド・フューチャーズの特徴

マネージド・フューチャーズのリターンは、オルタナティブ投資のジャンルでは必ずしも高いわけではない（図表2－2参照）。しかし他のオルタナティブと低相関または逆相関であることや、湾岸戦争（1990年8月～90年10月）、ロシア危機（98年7月～98年9月）、最近ではITバブル崩壊（2000年9月～2000年11月）、そして2001年9月に勃発した米同時多発テロのような突発的な事態（“イベントリスク”）において高い絶対リターンを確保するといった有事におけるヘッジ機能が特徴としてあげられる（図表2－3参照）。

こうした特徴をもつマネージド・フューチャーズは、実際は、CTA（Commodity Trading Advisor）と呼ばれる先物取引マネージャーにより運用されることになるが、顧客に提供される運用形態は、商社やリース会社がゲートキーパーとなり、数あるCTAのなかから優秀なマネージャーをピックしたファンド・オブ・ファンズ形式で提供されるのが一般的である。

⑶ 実績からみたヘッジ機能

本項では、日本企業として初めてマネージド・フューチャーズの運用管理（ゲートキーパー）業務に進出し、日本に本拠を置く唯一のCPO（米国先物取

［図表２－２］　オルタナティブ投資のリスクとリターン

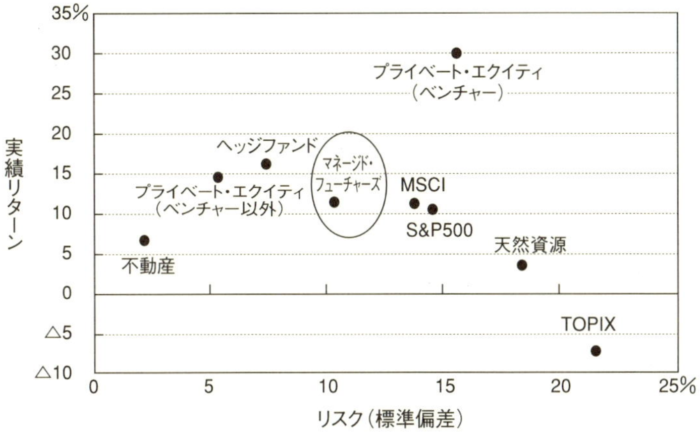

出所：マネージド・フューチャーズはMAR/Managed Futures Benchmarks、ヘッジファンドはHFR/Hedge Fund Index、プライベート・エクイティはCambridge Associates/Cambridge Associates Venture Capital Index、不動産はNCREIF（全米不動産投資受託者協議会）／不動産インデックス、天然資源はGS/GS Commodity Indexに基づき計算。測定期間は1990年１月～2001年12月。TOPIX以外はドルベース。

［図表２－３］　イベントリスクに対するヘッジ機能

	マネージド・フューチャーズ	ヘッジファンド	プライベート・エクイティ		不動産	天然資源	S&P500	MSCI
			ベンチャー	ベンチャー以外				
湾岸戦争（90/8-90/10）	11.6%	△5.4%	△1.2%	△0.1%	0.1%	34.7%	△14.6%	△13.8%
ロシア危機（98/7-98/9）	9.2%	△8.8%	△3.2%	△5.8%	3.5%	△4.4%	△10.3%	△11.6%
ITバブル崩壊（00/9-00/11）	2.7%	△6.4%	△9.3%	△5.4%	3.2%	8.0%	△13.4%	△12.3%
米同時多発テロ（01/09）	1.5%	△2.8%	△6.2%	△2.8%	0.5%	△11.0%	△8.2%	△8.7%

出所：同上

[図表２－４]　米国株式リターンと「オリエンタルファンド」の実績

S&P500トップ10（12カ月ローリングリターン）						S&P500ボトム10（12カ月ローリングリターン）					
		S&P500	オリエンタル	ヘッジファンド	TOPIX			S&P500	オリエンタル	ヘッジファンド	TOPIX
1	1997年７月	49.1%	40.2%	24.3%	△1.7%	1	2001年９月	△27.5%	34.5%	△4.4%	△29.8%
2	1998年３月	45.5%	2.0%	20.3%	△8.0%	2	2001年10月	△25.9%	40.7%	△0.7%	△22.6%
3	1998年４月	38.7%	△3.3%	21.6%	△14.3%	3	2001年８月	△25.3%	23.6%	△2.9%	△26.4%
4	1997年８月	38.0%	32.4%	22.0%	△6.7%	4	2001年３月	△22.6%	22.3%	△3.1%	△24.5%
5	1999年８月	37.9%	18.5%	23.9%	32.9%	5	2001年６月	△15.8%	24.3%	1.5%	△17.6%
6	1997年９月	37.8%	30.5%	24.0%	△13.9%	6	2001年７月	△15.3%	28.2%	1.3%	△17.4%
7	1996年１月	35.2%	31.6%	25.3%	11.2%	7	2001年４月	△14.0%	25.1%	1.7%	△16.5%
8	1995年12月	34.1%	25.6%	21.5%	2.1%	8	2001年11月	△13.3%	19.4%	5.0%	△22.2%
9	1995年11月	33.4%	19.2%	18.9%	△1.6%	9	2001年12月	△13.0%	7.8%	4.6%	△18.9%
10	1998年２月	32.7%	4.4%	14.9%	△7.7%	10	2001年５月	△11.6%	24.4%	4.9%	△13.3%

出所：住商キャピタルマネジメント社。1994年１月～2001年12月の月次騰落率データにより算出。オリエンタルはバックテストおよび実績リターン（2001年４～12月）。

引委員会のCommodity Pool Operator）登録会社の住商キャピタルマネジメント社の「オリエンタルファンド」の実績を取り上げる。

図表２－４は、1994年１月～2001年12月における12カ月ローリングリターン（直前12カ月のリターン）でみた、米国株式の上昇局面トップ10と下落局面ボトム10におけるオリエンタルファンドの実績である。株式上昇局面では、オリエンタルファンドもヘッジファンド並みのリターンで、伝統的資産に対して低めの実績となっているが、株式下落局面では、オリエンタルファンドは伝統的資産やヘッジファンドを大きく上回る実績をあげていて、イベントリスクに対するヘッジ機能が確認できる。こうしたイベントリスクに対するヘッジ機能は、図表２－10にオリエンタルファンドの資産配分を示しているが、株式下落局面では相対的にリターンが優位となる債券や、伝統的資産と低相関の為替や天然資源を組み入れていることによるものであり、天然資源の組入れはインフレ懸念の台頭等による債券下落局面でも効果を発揮することになる。

このように、マネージド・フューチャーズは、単独ではリターンはあまり高くはないが、他のオルタナティブ投資と低相関であることやイベントリスクに対する高いヘッジ機能をもっていることから、ポートフォリオ全体の運用効率向上に寄与する有力アイテムの一つということができる。

3.　プライベート・エクイティ投資

(1) 概　　要

プライベート・エクイティ投資とは、主に未上場企業への株式投資を行い、投資先の成長を促したうえで株式売却等によるキャピタルゲインをねらう戦略である。具体的には、創業後間もない揺籃期（アーリーステージ）、急成長期（レイターステージ）、拡大期（エクスパンションステージ）にあるベンチャー企業の投資育成を目的としたベンチャーキャピタル、経営への参画を通じたいっそうの事業拡大、リストラクチャリングや再建目的で企業買収を行い買収後の付加価値創出を目的としたバイアウトといったファンドと、それらをすべて組み入れたファンド・オブ・ファンズがあげられる（図表２－５参照）。

(2) 効　　果

プライベート・エクイティ投資は、投資先の経営や事業活動に積極関与することによって企業価値を高めようとする戦略の性格上、10年程度の投資期間を要する。また、投資のキャッシュフローは、最初の３年程度は支払い超でマイナスリターンとなるが、その後、企業経営が軌道に乗るにつれて徐々にリターンは改善し、成功ファンドのケースは５年目以降で大幅に向上する“Ｊカーブ効果”と呼ばれる利回り推移をたどる（図表２－６参照）。このＪカ

[図表２－５]　プライベート・エクイティ投資の概要

企業成長	アーリーステージ（揺籃期）	レイターステージ（急成長期）	エクスパンションステージ（拡大期）	バイアウト	ディストレスト（経営悪化）
規　　模	研究開発	急成長期	未 公 開	未公開／公開	未公開／公開
プライベート・エクイティに資金を求める理由	起　　業 経営サポート 事業戦略策定 マネジメント強化	事業拡大 経営改善 株式公開戦略 株主構成変化	事業承継 事業拡大 資本構成の変更 経営陣強化	経営の再編成 事業部門の売却 ジョイントベンチャー	再　　建

出所：M.コーバー『プライベートエクイティー価値構造の投資手法』（東洋経済新報社）に基づき作成。

［図表２－６］　プライベート・エクイティ投資のキャッシュフロー（イメージ）

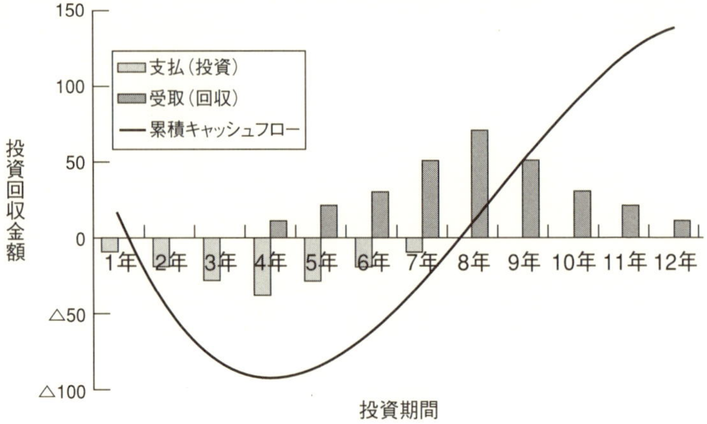

ーブ効果を最大限享受するには、プライベート・エクイティ投資の出口に当たる株式市場が堅調であることがポイントになるが、一方で、長期の投資期間を想定しているので、売却タイミングを分散化できるというメリットもある。

⑶　経　　緯

プライベート・エクイティ投資は、1990年代中盤からヤフーやネットスケープといったインターネットベンチャーの資金調達手段として米国市場を中心に急拡大したが、米国では年金基金や大学・財団基金がそうしたリスクマネーの供給者となった。欧州では企業の買収合併や再編にかかわるバイアウトを中心に市場の拡大がみられたが、日本ではバイアウトファンドの組成は遅く、1999年９月に経営破綻に陥っていた日本長期信用銀行を買収した米系ファンドのリップルウッド・ジャパンの動きに端を発し企業再編の動きが活発化してくるなかで、近年ようやくバイアウトを中心に市場の拡大がみられつつある（図表２－７、２－８参照）。

[図表２－７]　日米欧の市場規模と主たる投資家層

2000年	市場規模（10億円）	主たる投資家層（注）カッコ内の数値は市場シェア		
日本市場	150	事業法人（26%）	外人投資家（19%）	保険（12%）
米国市場	20,000	年金（40%）	大学・財団（21%）	金融機関（23%）
欧州市場	5,000	年金（24%）	銀行（22%）	保険（13%）

出所：米国は2000年度のNVCA（National Venture Capital Association）とVenture Economicsの共同リサーチデータ、欧州は2001年６月14日付EVCA（European Private Equity & Venture Capital Association）プレスリリース、日本は経済産業省中小企業庁『2000年日本のベンチャー・キャピタルに関する報告書ベンチマークレポート』（2001年５月）より作成。

[図表２－８]　日本向けバイアウトファンドの活動

バイアウトファンド名	買収・資本参加先			
AIGジャパンパートナーズ	日産陸送			
アドバンテッジパートナーズ	富士機工電子	日本ワイス	アクタス	アイコテクノロジー
ウィルバーロス	幸福銀行			
エイパックス・グロービス	パソナテック	エイピーワン		
オリンパス・キャピタル	トーメンメディアコム			
カーライルグループ	エー・エス・エス			
サーベラス	トーメン鉄鋼販売	ダイア建設		
ジャフコ	ヴィクトリア	マルハペットフード	トーカロ	メディアゲート
シュローダーベンチャーズ	日本体育施設	マルコー	ベンカン	九州コンサルト
スリーアイ興銀バイアウツ	バンテック			
ソフトバンクインベストメント	JDB	川崎電気	ネクサス	サワコー
野村プリンシパル・ファイナンス	シーシーアイ	同和製作所	富士車輌	
富士キャピタルマネジメント	日商岩井アルコニクス	日産アルティア	プランタン銀座	
ユニゾンキャピタル	マインマート（大門）	キリウ	アスキー	オリエント信販
リップルウッドジャパン	日本長期信用銀行	フェニックスリゾート	日本コロムビア	ナイルス部品

⑷　運用形態

プライベート・エクイティ投資は、日本の投資事業組合に相当するリミテッドパートナーシップ契約に基づき、米国デラウエア州や米領ケイマン諸島、英領ガンジー諸島に設立されるファンドへの投資の形式をとるのが一般的である。そうしたファンドは、ジェネラルパートナーとリミテッドパートナーから構成されるが、ファンドマネージャーはジェネラルパートナーとして、投資先の経営、事業戦略の遂行等を通じて投資にかかわる全責任（無限責任）をもち、投資家はリミテッドパートナーとして責任範囲が限定された立場（有限責任）で投資を行う。ただし、一つのファンドで膨大な無限責任を問われるケースを回避するために、有限責任会社形式のSPC（特定目的会社）、あるいはリミテッドパートナーシップを設立して運用を行うケースが多い。なお、プライベート・エクイティ投資は、キャピタル・コール方式と呼ばれる投資先の資金ニーズに応じて分割して払込み（投資）を行う方式が多く、そうすることで資金効率の悪化を防いでいる。

プライベート・エクイティ投資の運用形態には、上述のベンチャーキャピタル、バイアウトファンドやファンド・オブ・ファンズに加え、ベンチャー投資とバイアウト投資の専門チームを有し投資先の各ステージに応じた投資を行う「バランス・ファンド」や、グローバルなネットワークを有するマネージャーが地域分散を目的として設定する「グローバル・ファンド」があげられる。

なお、ファンド・オブ・ファンズは、所定の運用方針に基づき多数のベンチャーキャピタルやバイアウトファンドへの分散投資を行うマネージャーが採用する運用形態である。そして、ファンドの組成ごとに新規に投資対象を選定する「プライマリー・ファンド」と、既存の投資家よりファンドを買い取る「セカンダリー・ファンド」がある。最近の傾向としては、セカンダリー・ファンドの組成が増加しており、投資家にとっても市場における流動性が徐々に厚みを増しつつある環境にある。

⑸ 投資の実務

こうしたプライベート・エクイティ投資の実務について住友信託銀行の取組事例を紹介する。住友信託銀行では、東京、ニューヨーク、香港に投資担当者6名を配置してプライベート・エクイティ投資を行っているが、投資プロセスの第1ステップはソーシング（投資案件の発掘）からスタートする。

a.　ソーシング

まず、投資担当者は、プライベート・エクイティファンドやプレースメントエージェント（投資銀行や証券会社）と常時接触するなかで、ファンド組成等に関する情報収集や新規案件の発掘を行っているが、年間100～200件程度のファンドの持込みがあり、このうち10～20件程度を、ポートフォリオ運営方針に則り取り上げている。

b.　デュー・ディリジェンス

次に、これらのファンドについてデュー・ディリジェンス（詳細調査）を行うが、ファンドマネージャーとの面談、目論見書に基づき、パフォーマンス、契約条件、マネジメントの履歴、ジェネラルパートナー内における成功報酬の分配方法、投資手法の検証と投資戦略の継続性、過去の投資案件の内容等をチェックする。これらのチェックは、ファンドマネージャーとの面談や目論見書だけではなく、各種公開資料や同種のファンドマネージャーおよびベンチマークとのパフォーマンス比較等を通じて行われる。特に、投資戦略の継続性や主要投資担当者の履歴は検討中にあるファンドの過去のパフォーマンスを検証するなかで重要なポイントの一つである。

c.　ドキュメンテーション

また、契約条件についても、「業界における標準的な水準とファンドマネージャーの業界地位を勘案した報酬条件となっているか」、「主要な投資担当者を変更させないという規定や投資制限や借入制限条項等の主要条件が備わっているか」といった各種の項目を確認する。これらのデュー・ディリジェンスを通じて取組み可能と考えられるファンドについては、リミテッドパートナーシップ契約の内容について目論見書との整合性やより細かな契約条件を含めた法務面での分析・チェックを行うこととなる。こうしたデュー・ディリジェンスのプロセスを経て投資を開始することになる。

d.　契約（サイニング）

プライベート・エクイティ投資は受益証券等を購入するわけではなくファンドへの出資形態をとるケースが多いことから、契約締結の意向を示しサイニング（サイン）によって投資を実行することになる。なお、プライベート・エクイティ投資ではキャピタル・コール方式を採用していることから、サイニングは、向こう数年間にわたる投資資金の払込総額(投資枠)を約束することになる。

e.　払込・配当

その後、ジェネラルパートナーからの払込（配当）通知に応じて投資資金を払い込む（配当資金を受け取る）わけであるが、確証となるような受益証券等は交付されないことから、そのつど、ファンドの真正確認を行っている。

f.　モニタリング

最後のモニタリングについては、ファンドからの運用報告に基づき、所定の項目によるコンプライアンスチェックと運用実績の評価を行う。また、定

［図表２－９］　プライベート・エクイティ投資のプロセス

期的にファンドへの往訪等を行い、投資状況、投資企業の業況や今後の投資計画・資金回収のタイミング等についてヒアリングを行っている。このようなプライベート・エクイティ投資の全体像を図表２－９に示す。

(6) ２極化の動き

こうしたプライベート・エクイティ投資は、2000年１～３月をピークに現在までのところ件数・金額ともに減少傾向にある。そうしたなかで投資資金は、業歴が長く良好なパフォーマンスを維持しているトップファンドへ集中する傾向が強まっており、新興ファンドによる新規ファンドの募集は苦戦する状況にある。多くの年金基金が、プライベート・エクイティ投資への資産配分比率や配分額を変えずにマネージャーを絞り込んでいることも、この２極化の動きを促進している。プライベート・エクイティ投資の専門誌であるThe Private Equity Analyst誌によると、2000年に第１号ファンドを立ち上げた新興ファンドの募集総額は200億ドルであったのに対して、2001年は半減し106億ドルとなっていることが、このトレンドを裏付けている。

こうした２極化の動きは、ファンド・オブ・ファンズのセレクションにもみられ、トップマネージャーにアクセスできるファンド・オブ・ファンズへの選好が強まっている状況になっている。Asset Alternatives社の調査によれば、ファンド・オブ・ファンズの選定理由は、トップマネージャーへのアクセス（34%）、分散投資（26%）、事務（11%）、デュー・ディリジェンス能力（11%）の順で、分散投資よりもトップマネージャーへのアクセスニーズのほうが強いということが表れている（カッコ内の数値は全体に占める割合）。こうした理由から、プライベート・エクイティ投資について積極的なカルパース（カリフォルニア州職員退職年金基金）でさえファンド・オブ・ファンズやゲートキーパーを利用しているのが現状である。

4.　天然資源、不動産投資

天然資源や不動産は、債券や株式といった有価証券と異なり、実需に基づく価値がベースラインにある実物資産で、個別性・希少性が高く、インフレヘッジ機能をもっている。また、他のオルタナティブ投資と同様に伝統的資産との低相関性が注目されている。

(1) 天然資源

金や石油をはじめとする鉱業資源や木材などの天然資源は、株式や債券等の伝統的資産に比べて歴史は古いものの、たとえば金などはキャッシュフローを産まないことから機関投資家からは敬遠されてきた経緯がある。ただし、最近では米同時多発テロ直後の金価格の急騰などにみられるように、グローバル経済の変動性が高まるなかで分散投資拡大の観点からもこれらの資産への注目度は高まってきているといえるだろう。

しかし、現実には投資家サイドの商品にかかわる知識不足のみならず、投資理論における位置づけや運用形態といった検討課題が多く、本格的な取組みに至るまでには相応の時間を要するものと思われる。特に、年金等の機関投資家の場合は、マネージド・フューチャーズにおける投資戦略の一つとして先物やオプションという形態を通じて天然資源を組み入れるケースがみられ、パブリックマーケット投資の興隆とともに、間接的ではあるが、投資資金の流入が見込まれている（図表２－10参照）。

［図表２－10］　オリエンタルファンドの資産配分

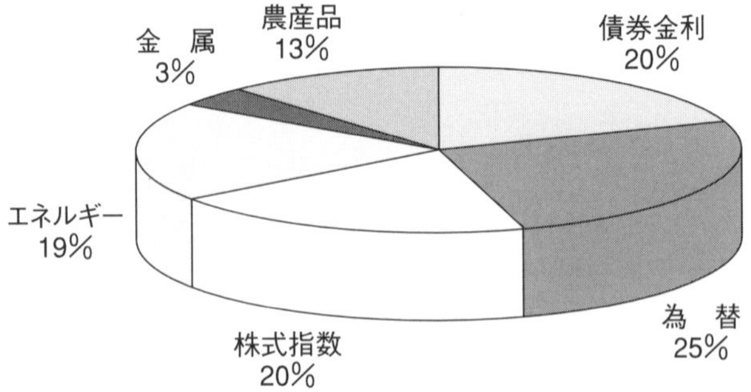

出所：住商キャピタルマネジメント社（2001年12月末現在）。

⑵ 不 動 産

不動産は、現物のみの取引で流動性が乏しく時価評価が困難であったものの、地価の趨勢的な上昇期待に支えられた土地神話が崩壊するまでは、キャピタルゲインや含み益形成ねらいの買切投資が行われてきた。しかし、1990年代の地価暴落を受けて土地神話は崩壊し、長年にわたり不動産投資は低迷が続いてきた。

しかし、価格が大きく下落したことで投資利回りが向上し、1990年代の半ば頃から不動産投資利回りが長期金利を上回る状況が続いている。このようなこともあって、近年賃料等のインカムをベースとした収益性重視の取引が拡大してきており、企業の財務的要請（オフバランス化ニーズ）による優良物件の供給量が増加していることと相まって投資家の注目を集めるようになってきている。

特に、SPC（特定目的会社；Special Purpose Company）法と呼ばれる資産の流動化に関する法律による ABS（資産担保証券；Asset Backed Securities）、同法によらない CMBS（商業用不動産担保証券；Commercial Mortgage Backed Securities）や投信法の改正により J-REIT（不動産投資信託）といったさまざまな証券化タイプの取引形態が出現し、投資環境の整備が急ピッチで進んできており、それが投資家を惹き付ける好循環が生まれてきている。

投資環境の整備が進展していることについて、「さまざまな証券化タイプの取引形態の出現」をあげたが、具体的には、SPC 型証券化商品や J-REIT（不動産投資信託）のことを指す。従来は、特定の不動産を投資家がそのまま購入するといった直接不動産投資が主流であったが、新たな取組手法の導入によって、不動産から生じるリスクとリターンをさまざまな形に組み替えることができるようになり、不動産投資の多様化が実現された。

a. SPC

SPC 型証券化商品とは、SPC を設立し、特定の不動産（複数でも可）を SPC に売却することによって証券化を図り、当該証券を、デット（特定社債）部分とエクイティ（優先出資）部分に分離して、投資家に販売するスキームで、投資家が物件に対する投資判断を行うという点は、従来の直接不動産投資と同じである。しかし、i)直接不動産投資と同じ効果を得たいならば特定社債と優先出資を証券の発行比率と同じ比率で購入、ii)リスクを抑制したいならば、特定社債のみ、あるいは優先出資よりも特定社債を多く購入、iii)高いリターンをねらうには、優先出資のみ、あるいは特定社債よりも優先出資を多く購入するというように、特定社債と優先出資の組合せによって多様なリスク・リターンを実現することができる（図表2－11参照）。

以下において、SPC型証券化商品への投資に際してのチェックポイントである、①裏付不動産の投資適格性、②裏付不動産の価格妥当性、③証券化スキームの適正性と発行条件について説明する。

① 投資適格性

まず、裏付不動産の投資適格性の評価について、住友信託銀行で行っているオフィスビルの評価事例をあげてみると、一つ目は、「最寄り駅からの所要時間、オフィス立地としてのステイタスや発展性といった立地条件」、二つ目は、「竣工後の経過年数、空調やOA対応といった建物や設備の状況」、三つ目は、「管理会社の質といったプロパティマネジメント」を評価す

[図表2－11] SPC型証券化商品のスキーム

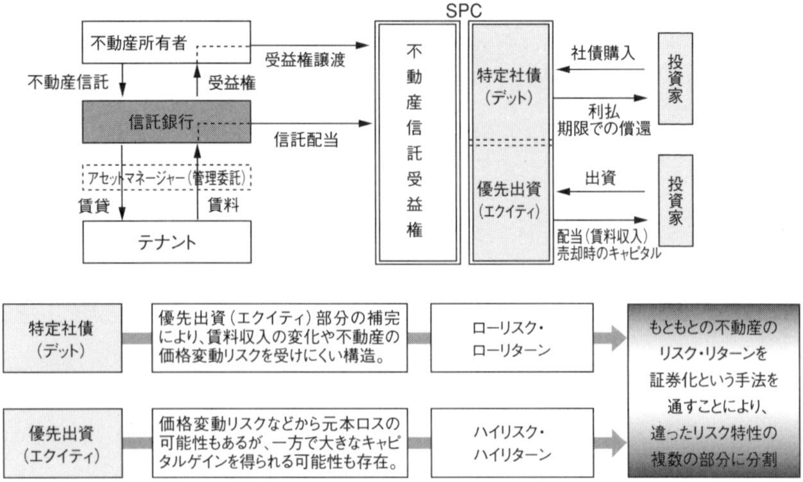

ることによって不動産の投資魅力度を測定することにある。具体的には、全項目について標準以上の内容を備え、将来の安定的なインカム収益と元本価値の維持・向上が期待できる物件にはＡレーティングを、一部の部分について標準的なビルに対して劣後または懸念される要素があり、将来の収益性の安定度はやや劣るが高いインカム収益を期待できる物件にはＢレーティングを、標準的なビルに対して明らかに劣る点があり投資対象として劣後する物件にはＣレーティングを付与する。

② 価格妥当性

次に、裏付不動産の価格妥当性は、「静態分析」と「動態分析」といった２通りのアプローチで行われる。

「静態分析」とは、当該不動産から生じる年間の純収益を購入価格で除したキャップレート（債券投資でいえば、クーポンを購入価格で除した直利に相当）と上記のレーティングを用いたマトリックスで購入価格の妥当性を評価する手法をいう（図表２－12参照）。

「動態分析」では、ディスカウンテッド・キャッシュ・フロー（DCF）法

[図表２－12] キャップレートと物件スコアの関係について

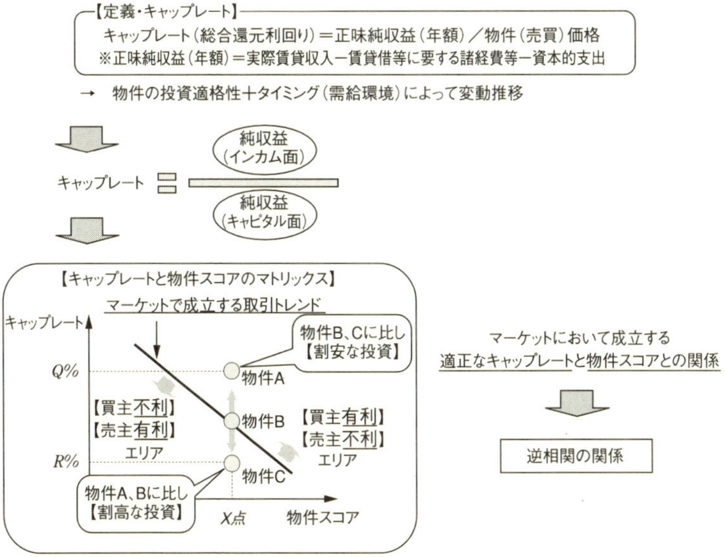

と呼ばれる債券価格算出プロセスに似た計算方法を用いて、当該不動産から生まれる将来の一定期間の予想キャッシュフロー（インカム収益）および一定期間（通常は10年）経過後の将来時点における売却予想価格の現在価値の総和を求め、求められた価格と購入価格を比較することによってその妥当性を評価する。

③ スキームの適正性

証券化スキームの適正性は、スキーム構成者の信頼性や事業執行能力、スキームの安全性（スキーム構成者デフォルト時の対応や、火災、地震の保険付与等）は担保されているか、年間の収支と出口戦略（将来の売却活動期間、売却方法の妥当性）等の事業計画は妥当か、情報開示スタンス等の透明性は確保されているかといった点を吟味し、あわせて、証券の発行条件の妥当性（マーケットトレンドとの均衡、償還条件等）をチェックする。

このように、SPC型証券化商品の取組みにあたっては、物件にかかわるデュー・ディリジェンス（詳細調査）が必要となるが、そのためには、不動産業務および証券投資業務の双方に精通していることがポイントで、不動産投資顧問業務を展開している信託銀行のノウハウが発揮される分野といえよう。

b.　J-REIT

もう一方のJ-REITは、投資信託の運用と同様に、ファンドマネージャーが自己裁量で不動産ポートフォリオを構築し、当該不動産の賃貸収益および運用不動産の入替えによってリターンの獲得を目指す運用商品である。つまり、投資家は投資口（もしくは、信託受益権）を購入するのみで、投資判断はファンドマネージャーが行うことから、J-REITへ投資することによるリスク・リターンは、ファンドマネージャーのスキルにかかっているということになる。

c.　商品比較

図表２－13は、直接不動産投資、SPC型証券化商品、およびJ-REITと

[図表2－13]　不動産投資の取組手法の比較

	商品設計の自由度	透明性	流動性	小口商品化	物件判断の主体
直投不動産	△	○	△	×	投資家
証券化商品	○	○	△	○	投資家
REIT	△	△	△→○	◎	ファンドマネージャー

《取組手法比較判断基準》

◎商品設計の自由度

・「直投不動産」は、購入物件全体のリスク・リターンをそのまま享受（リスク・リターンは物件次第）。

・「証券化商品」は、リターンの安定性を重視した“デット（特定社債）”と収益性を重視した“エクイティ（優先出資）”のいずれかもしくは双方の組合せによりリスク・リターンの調整も可能（一つの案件でもリスク・リターンは調整可能）。

・「REIT」は、購入商品の運用者の力量次第（物件入替えにより、当初物件と変化する可能性あり）。

◎透明性

・「直投不動産」は不動産そのものを購入するため、物件の内容は明確。

・「証券化商品」では、ある特定の実物不動産の証券化商品への投資であり、その物件の内容については明確。

・「REIT」では、ファンドマネージャーの判断により、物件の入替えが行われるため、常時運用対象物件の内容が把握できるわけではない。

◎流動性

・直投不動産の流動性は、通常の不動産と同等であり、物件ごとに格差あり。

・「証券化商品」と「REIT」の商品そのものの比較でいえば、「REIT」の流動性のほうが高くなると想定されるが、「REIT」市場がいつまでに、どのくらい日本で浸透するかが未知数。ただし、「REIT」の発展次第では不動産・証券化商品双方の流動性向上が見込まれる。

◎小口商品化

・「直投不動産」では、不動産そのものの購入となるため、物件次第ではあるが、投資額がかさむ傾向。

・「証券化商品」と「REIT」はどちらも小口化されており、小額ロットで取組み可能。

◎物件判断の主体

・「直投不動産」と「証券化商品」では投資家が直接購入物件の判断を行うことが可能。

・「REIT」では、ファンドマネージャーの判断により、物件購入が行われるため、投資家の判断の介入は不可。いかに良い不動産投資マネージャーを選択するかがポイント。

いう三つの取組手法の比較であるが、直接不動産投資に比べ新しい二つの手法の優位性が見て取れる。ただし、J-REIT は、上場されて間もないため、現時点では流動性やプライシングおよび金利・株式との相関性という点で未知数な部分が多く、ファンドマネージャーのスキルを判断するためには一定期間のトラックレコードの積上げが必要であろう。ちなみに、UBS ウォーバーグ社によれば、現在の J-REIT の市場規模は2,300億円と米国の100分の１の規模という状況である。

第2節　ヘッジファンドの世界

1.　投資戦略の分類

先に、“ゲートキーパー”について説明したが、なかには自らがファンドマネージャーとして自社プロダクトを含めた“ファンド・オブ・ファンズ”を提供する会社もある（こうした会社を“ゲートキーパー”と区別して“ファンド・オブ・ファンズ・マネージャー”と呼ぶケースもある）。このほかヘッジファンド業界には、ヘッジファンドのリターンデータの提供を専門とする“データプロバイダー”が存在する。

こうした、ゲートキーパー、データプロバイダーらが、各社独自の分類基準に基づきヘッジファンドのリターンデータを公表しているが、伝統的資産のようにデファクト・スタンダード化（事実上の標準化）された、たとえば東証株価指数（TOPIX）のような指標値（インデックス）がないのが現状である。このような分類基準の不統一性は、投資家のヘッジファンドに対する理解をいっそう難解なものとしマネージャーセレクションにも少なからず影響を及ぼしていることから、業界統一的な分類基準の早期導入を期待したいところである。

そうした意味で、グローバル株式のインデックス・プロバイダーとして名高いMSCI社（モルガン・スタンレー・キャピタル・インターナショナル）が2002年にヘッジファンドインデックスのリリースを検討していることは、ヘッジファンド業界全体の発展に資するものと思われ歓迎すべきことである。

ところで、もともと、ヘッジファンドは個人富裕層をターゲットとした商品で、米領バージン諸島、英領バミューダ、英領ケイマンといったタックスヘイブンに本籍を置く会社が多いことから、その実態はつかみにくいといわれている。MSCI社としても、ヘッジファンドインデックスを開発するにあたりヘッジファンド業界に精通するマネージャーとの連携が必要不可欠であったことから、第1章であげたFRM社（Financial Risk Management Limited）をヘッジファンドインデックス開発にあたってのパートナーに選定した。これは、FRM社の運用能力の高さのみならずヘッジファンドデータに関するデータ量の豊富さとその分析力を評価してのことである。

FRM社は、1991年にブレイン・トムリンソンによって設立されたロンドンに拠点を置くゲートキーパー（自社プロダクトも提供するファンド・オブ・ファンズ・マネージャー）で、2001年12月末時点で約40億ドル（日本円で約5,200億円、1ドル=130円換算）の資産を運用している世界的なヘッジファンドのスペシャリストである。MSCI社のみならず、米投資銀行のゴールドマン・サックス社が1998年、および2000年に刊行したヘッジファンドに関する調査レポートのパートナーにも選定される等、その調査力には定評がある。

次項において、MSCIヘッジファンドインデックスのベースとなるFRM社の分類基準に基づき、ヘッジファンドの投資戦略を紹介する。

2.　ヘッジファンドインデックスの概要

FRM社では、ヘッジファンドの投資戦略を収益源泉に着目して分類している。具体的には、第1章においても述べたが、①企業のファンダメンタルズ分析に基づき株式の買持ちと売持ちを組み合わせ、株式市場の変動に左右されないリターンの確保をねらうロング・ショート、マーケット・ニュートラルといった「セキュリティ・セレクション」、②株式・債券・通貨・商品の方向性を定量モデルあるいは定性判断に基づき予測し、市場のトレンドと同じ方向にポジションを構築する「ディレクショナル・トレーディング」、③株式・債券・通貨・商品の買持ちと売持ちを組み合わせ（ポジションニュートラル）、その価格格差の拡大・縮小を収益源泉とする「レラティブ・バリュー」、④割安と判断される低格付証券を買い持ちし、その信用リスクを収益源泉とする「スペシャリスト・クレジット」、および、⑤「マルチプロセス」の五つに分類している（図表2－14参照）。

このうち、マルチプロセスについては、主たる収益源泉の割合が全体の8割を超えた時点で、他の投資戦略のいずれかに分類し直すルールとなっているので、全体としては四つの主要セクターと14のサブセクターに分類されている（マルチプロセスを一つのセクターととらえた場合は、全体で五つのセクター、17のサブセクターに分類される）。

ヘッジファンドインデックスについては、このほか、ゲートキーパーのUBSウォーバーグ社のように債券や株式といった伝統的資産に対する市場

［図表2－14］　収益源泉による投資戦略の分類

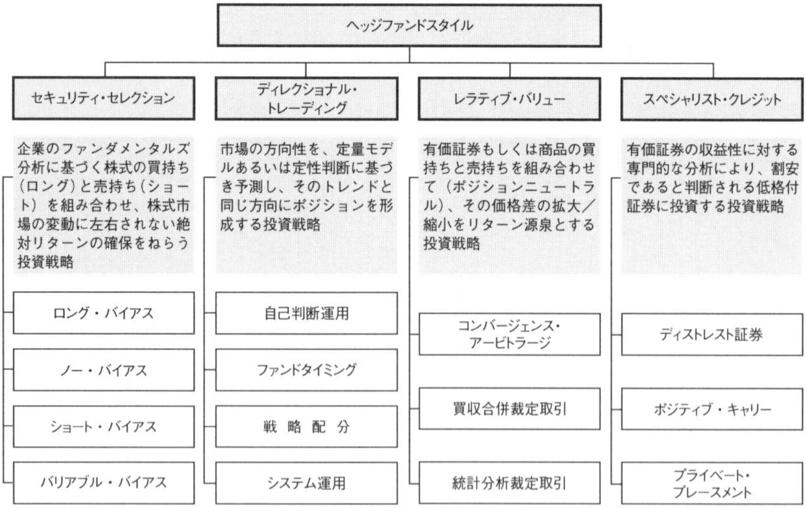

ヘッジファンドスタイル
セキュリティ・セレクション
ディレクショナル・トレーディング
レラティブ・バリュー
スペシャリスト・クレジット
企業のファンダメンタルズ分析に基づく株式の買持ち（ロング）と売持ち（ショート）を組み合わせ、株式市場の変動に左右されない絶対リターンの確保をねらう投資戦略
市場の方向性を、定量モデルあるいは定性判断に基づき予測し、そのトレンドと同じ方向にポジションを形成する投資戦略
有価証券もしくは商品の買持ちと売持ちを組み合わせて（ポジションニュートラル）、その価格差の拡大／縮小をリターン源泉とする投資戦略
有価証券の収益性に対する専門的な分析により、割安であると判断される低格付証券に投資する投資戦略
ロング・バイアス
ノー・バイアス
ショート・バイアス
バリアブル・バイアス
自己判断運用
ファンドタイミング
戦略配分
システム運用
コンバージェンス・アービトラージ
買収合併裁定取引
統計分析裁定取引
ディストレスト証券
ポジティブ・キャリー
プライベート・プレースメント

出所：FRM社

感応度（マーケットエクスポージャー、つまり“ベータ値”）に応じた分類基準を導入している先もあり、投資戦略の分類基準はマネージャーによってさまざまである（図表2－15参照）。

また、ゲートキーパーのTremont　Advisers（トレモント・アドバイザーズ）、EACM（エバリュエーション・アソシエイツ・キャピタル・マーケッツ）、HFR（ヘッジファンドリサーチ）、Hennessee（ヘネシー）、データプロバイダーのTASS　Research（タス・リサーチ）やMAR（マネージド・アカウント・レポーツ）といった会社が、各社独自の基準によるヘッジファンドの投資戦略の分類とパフォーマンスデータをインターネットのホームページ等で公開している。ちなみに、各社が公表している（セキュリティ・セレクションのノー・バイアスに分類される）エクイティ・マーケットニュートラル戦略のリターンを比べてみると、1999年から2000年にかけて約20％もの格差が生じていることからも、各社の投資戦略の分類基準や、その結果としてのデータベースに違いがあることが確認できる（図表2－16参照）。

[図表2－15]　伝統的資産との感応度による投資戦略の分類

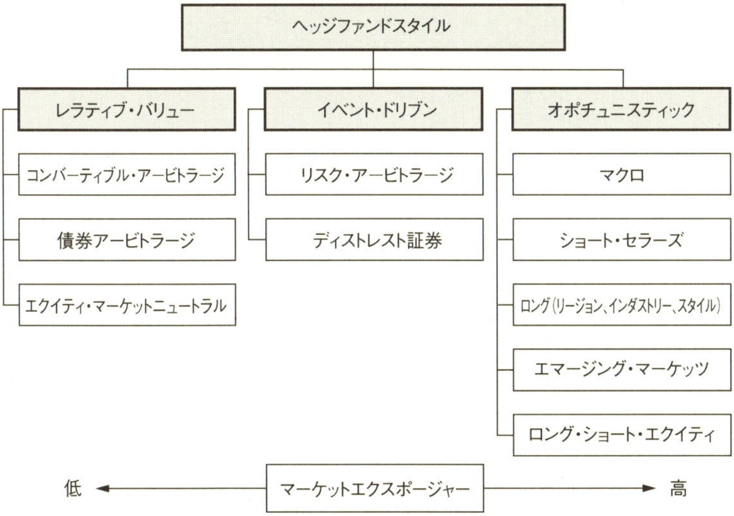

出所：UBS Warburg社『In Search of Alpha』（October 2000）

[図表2－16]　エクイティ・マーケットニュートラル戦略の実績リターン

		1997年	1998年	1999年	2000年	2001年
ファンド・オブ・ファンズ・マネージャー	FRM	20.42%	11.55%	24.55%	18.54%	7.17%
ゲートキーパー	HFR	13.62%	8.30%	7.09%	14.56%	6.41%
	Hennessee	12.30%	5.05%	△0.84%	7.12%	6.14%
データプロバイダー	MAR	13.81%	5.14%	14.78%	15.61%	8.58%
最大リターンvs最小リターン	格　差	8.12%	6.50%	25.39%	11.42%	2.44%

出所：FRM社、HFR社、Hennessee社、MAR社のデータに基づき算出。

(1)　セキュリティ・セレクション

a.　ロング・バイアス

株式の買持ちをファンド元本の60%以上保有し、(売持ちを相殺した) 正味買持ちを元本の25%以上保有する戦略。株式市場の上昇局面では市場感応度(ベータ) を高めた運用に努め、下落局面では市場感応度 (ベータ) を抑制した運用を行うほか、機動的に株式指数先物やオプションを使ってリスクヘッジする場合もある。

b.　ノー・バイアス

株式の正味買持ちまたは売持ち残高が投資元本の25%以内の戦略。買持ち銘柄より売持ち銘柄のほうが市場感応度 (ベータ) が高いため買持ち比率が売持ちよりも高くなる傾向がある。リターンが個別銘柄選択に依存する度合が高いのが特徴で、特定セクターの配分比率が大きい場合はファンドの変動率が高くなる。エクイティ・マーケットニュートラルは、この戦略に分類される。

c.　ショート・バイアス

通常、ショートポジションが投資元本の60%以上を構成している戦略。一般に、市場感応度（ベータ）が高い銘柄の組入れが多いためレバレッジを採用しているファンドはまれ。リスク回避のために銘柄分散が必要で、買戻しのタイミング判断に銘柄・市場全体のテクニカル分析を重要視するファンドもある。

d.　バリアブル・バイアス

市場の上昇局面と下落局面で各々投資元本の25%以上の買持ち・売持ちをもつ戦略。リターンの源泉は、市場の方向性のタイミング判断、買持ち・売持ちの対象銘柄またはセクターの選定にある。一般的にいわれるロング・ショートはこの戦略に分類される。

(2)　ディレクショナル・トレーディング

a.　自己判断運用

市場全体あるいは個別有価証券の短期的な需給関係を重視した短期リターンの確保を目的とした戦略が中心。最終的な投資判断は運用者自身の自己判断で決定される。また、投資対象は株式・債券・通貨・商品の現物と金融派生商品を使用する。

b.　ファンドタイミング

特定の株式銘柄群の動向を計量モデルで判断し、株式投資信託の売買手数料がきわめて低いメリットを活かして、株式と相関の高い株式投資信託を購入して短期的リターンをねらう戦略。

c.　戦略配分

経済ファンダメンタル分析によるトップダウン判断により、比較的長期の通貨・株式・債券などのトレンドに基づくリターンをねらう戦略。投資対象は株式・債券・通貨の現物と金融派生商品を使用する。

d.　システム運用

売買の金額・タイミング・ロスカットの判断を計量分析に依存する戦略で、投資スタイルはトレンド追随型である場合が多い。投資対象は株式・債券・通貨・商品の現物と金融派生商品を使用する。

⑶　レラティブ・バリュー

a.　コンバージェンス・アービトラージ

株式・転換社債・国債・社債・住宅抵当証券など複数の有価証券間の価格不均衡が理論上の均衡価格に向けて起こる価格差収斂（コンバージェンス）をリターンの源泉とする。「転換社債の買持ちと株式の売持ち」、「社債や住宅抵当証券の買持ちと国債やスワップの売持ち」などの組合せが代表的である。

b.　マージャー・アービトラージ（買収合併裁定取引）

買収企業と被買収企業の現時点と将来の買収成立時点での価格差の変動をリターンの源泉とする戦略。買収発表後に被買収企業の株式を買持ちし、買収企業の株式を売持ちとするのが一般的だが、被買収企業の買持ちのみの場合もある。

c.　統計分析裁定取引

統計分析モデルを使い、適正理論価格から上下に乖離した投資対象を各々売持ち・買持ちし理論価格への回帰をリターンの源泉とする戦略で、買持ち・売持ちの金額は同額（ニュートラル）に維持される。株式を投資対象とするものが中心である。

⑷　スペシャリスト・クレジット

a.　ディストレスト・セキュリティーズ

倒産に近い状態か、すでに倒産した企業が発行した株式・転換社債・ワラント・社債を買持ちし、主にキャピタルゲインをねらう戦略である。

b.　ポジティブ・キャリー

低格付企業の発行する高利回り債券を買持ちし、その社債利子率とファンドの調達金利またはヘッジコストとの金利差をリターンの源泉とする戦略。投資対象社債は幅広く分散されリスク低減が図られている。投資対象は社債のほか、ファンドが低格付企業に融資することもある。

c.　プライベート・プレースメント

資金調達を希望している企業の発行する社債・転換社債・ワラント債を第三者向けの私募増資の形で投資し、そのキャピタルゲインをリターンの源泉とする戦略。価格リスクヘッジのためにその企業の株式を売持ちすることもある。

3.　世界のヘッジファンドマーケット

モルガン・スタンレー社によれば、2000年のヘッジファンドの業界規模は約5,000億ドルで、これは世界中で運用されている債券や株式の運用総額（55兆ドル）の１％にすぎないとされている。また、FRM 社も同様な推計を行っているが、2001年６月時点で約6,200億ドル（日本円で約80兆円、１ドル＝130円換算）と推定している。このように、ヘッジファンド業界は規模こそ伝統的資産に比べて小さいものの、LTCM 社が破綻した1998年も増加基調をたどり、94年から2001年６月までの６年半で、実に約４倍もの目覚ましい成長を遂げてきた（図表２－17参照）。

こうした、ヘッジファンド業界の増勢基調を支えたのは、もちろん投資家の積極的な資金配分によるものであるが、近年、その投資家層に変化がみられるようになってきている。

ヘッジファンドの投資家層の大半は個人富裕層で占められており、最近の統計をみても、個人富裕層の比率が世界全体の73％と最も高く、なかでもヘッジファンドが誕生した米国の個人富裕層がそのうちの約58％と圧倒的なシェアを占めている（図表２－18参照）。

[図表2－17]　ヘッジファンド業界の推定運用残高

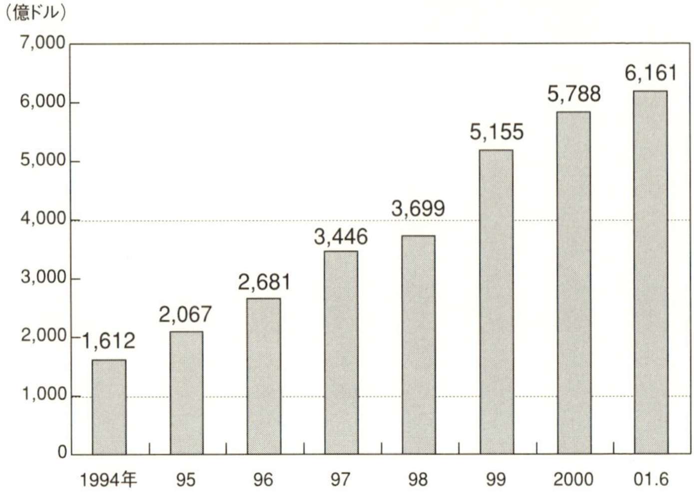

出所：FRM社

[図表2―18]　ヘッジファンドの投資家層（2001年7月）

（金額単位：10億ドル）

		米国		欧州		日本		計	
			寄与度		寄与度		寄与度		寄与度
機関投資家	企業年金	35	8%		0%			35	8%
	公的年金	28	6%		0%			28	6%
	基金・財団	21	5%	10	2%			31	7%
	保険会社	5	1%		0%			5	1%
個人富裕層		261	58%	68	15%			329	73%
合計		350	78%	78	17%	22	5%	450	100%

出所：BARRA Strategic Consulting Group

そうしたなかで、第1章で述べたように、経済や市場のグローバル化の進展によって各国の証券市場の連動性が高まってきたため、これまで債券や株式といった伝統的資産を軸に資産運用を行ってきた機関投資家層からのヘッジファンドへの取組ニーズ拡大が予想されている。実際、米国確定給付年金のトップ200のスポンサーにおけるヘッジファンドの取組状況をみてみると、2000年までは統計数値に現れてこなかったが、2001年にはごくわずかであるが32億ドル（全体の0.1%）計上されている。一方で、ベンチャーキャピタルやプライベート・エクイティへの資産配分が頭打ちあるいは減少していることから、統計上はプライベート・エクイティからヘッジファンドへの資産配分シフトがうかがえる（図表1－17のヘッジファンドの欄を参照）。

欧州市場においても、運用会社のインドカム社と年金コンサルティング会社のワトソン・ワイアット社が2000年5月に実施した調査によれば、年金ファンドのヘッジファンド投資は、今後、10億ユーロ弱の規模から120億ユーロを超える規模にまで達するものと予想している。実際に、欧州投資家のヘッジファンド投資の状況について、2000年には17%の投資家が実施済みであったものが、翌2001年には倍の36%の投資家が実施済みという調査報告（[出所] Golin/Harris Ludgate（2001），Ludgate（2001）UBS Warburg『The Search for Alpha Continues』（Sep2001））もあり、米国以上に取組みが進んでいることがうかがえる。

日本国内でも、住友信託銀行が実施した年金基金アンケート調査（2001年3月と9月の2回実施）において、ヘッジファンド導入済みの基金が3月調査では201件中3件であったものが、半年後の9月調査では68件中9件という状況である。このように、徐々にではあるが、ヘッジファンドの“ダウンサイドリスクの回避機能”に投資家の熱い視線が向けられるようになってきている。

また、1998年12月に銀行による投信窓販の解禁や確定拠出年金が導入されたことによって、1,400兆円もの金融資産を有する個人投資家の動向が注目されているが、住友信託銀行が導入したヘッジファンドでディレクショナル・トレーディングタイプの「住信米国国債ファンド・アルファ」の好調な販売状況から察するに、個人投資家のヘッジファンドに対する関心度は低くないものと思われる。

ところで、先にヘッジファンドの四つの投資戦略を紹介したが、ヘッジファンド業界では、ロング・ショートを中心とするセキュリティ・セレクションの市場ウェイトが最も高く、ジョージ・ソロスをはじめとする有力マネー

［図表2－19］　ヘッジファンドの投資戦略別構成比率

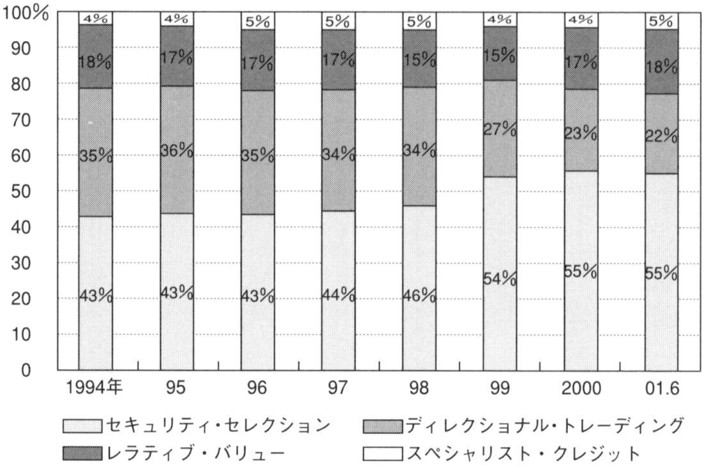

出所：FRM社

ジャーらが積極果敢に運用してきたグローバル・マクロを含むディレクショナル・トレーディングがそれに次ぎ、この二つの投資戦略で実に市場全体の約80%を占める構造となっている（図表2－19参照）。

しかし、1998年8月のLTCM社破綻以降は、ディレクショナル・トレーディングは減少傾向となり、その一方で、セキュリティ・セレクションやレラティブ・バリューといった市場感応度（マーケットエクスポージャー）を抑制した投資戦略への資金シフトが鮮明になってきている。

図表2－20は、UBSウォーバーグ社の分類によるヘッジファンド業界への資金の流れを表したものである。2000年上期の残高増を寄与度でみると、レラティブ・バリューは全体の57.4%、マージャー・アービトラージ（買収合併裁定取引）やディストレスト・セキュリティーズといった、イベント・ドリブンと呼ばれる投資戦略は全体の25.1%、グローバル・マクロやショート・セラーズといったマーケットタイミングを収益源泉とするオポチュニスティックと呼ばれる投資戦略は全体の14.1%と、市場感応度の低い投資戦略への資金の流れが市場感応度の高い投資戦略への資金の流れを上回っている

[図表２－20]　ヘッジファンド業界への資金の流れ

（金額単位：百万ドル）

小　↓　市場感応度　↓　大

	2001年			
	第１四半期	第２四半期	上半期計	寄与度
転換社債裁定取引	+1,019	+2,428	+3,446	22.4%
株式マーケットニュートラル	+941	+1,184	+2,124	13.8%
株式ロング・ショート①	+1,515	+1,242	+2,757	17.9%
債券裁定取引	+50	+461	+511	3.3%
レラティブ・バリュー（小計）	+3,524	+5,314	+8,838	57.4%
イベント・ドリブン	+1,371	+2,495	+3,866	25.1%
エマージング	△64	+249	+185	1.2%
株式ロング・ショート②	+1,515	+1,242	+2,757	17.9%
ショート・セラーズ	+85	△39	+46	0.3%
グローバル・マクロ	+332	△1,151	△819	△5.3%
オポチュニスティック（小計）	+1,868	+301	+2,169	14.1%
その他	+148	+373	+521	3.4%
全　体	+6,910	+8,483	+15,394	100.0%

出所：UBS Warburg『The Search for Alpha Continues』（Sep2001）に基づき作成。株式ロング・ショートはマーケットエクスポージャーの大きさが不明なことから①および②と半分に分けて計上して算出。

ことがわかる（図表２－20参照）。ヘッジファンド調査会社のタス・リサーチが集計した2001年通期の資金流入実績も流入額が大きい順に、イベント・ドリブン、株式ロング・ショート、転換社債裁定取引となっていて、こうした流れが継続している。

4.　ヘッジファンドの特徴

ヘッジファンドのリスク・リターン特性は、次節で詳しく解説するが、ヘッジファンドには、伝統的資産に対する“市場感応度（マーケットエクスポージャー）”と、“レバレッジ”という二つの特徴がある。

⑴ 市場感応度（マーケットエクスポージャー）

市場感応度（マーケットエクスポージャー）については、ヘッジファンドが伝統的資産を対象とした投資戦略であるがゆえに、伝統的資産に対する一定の感応度をもっていることは想像にかたくない。最もわかりやすい事例は、セキュリティ・セレクションである。たとえば、ロング・バイアスの場合は市場の上昇はプラス要因、逆に、市場の下落はマイナス要因になる。また、ショート・バイアスの場合は、市場の上昇はマイナス要因、市場の下落はプラス要因とロング・バイアスの逆になる。第１章で述べたロング・ショート戦略を含むノー・バイアスの場合は、市場の上昇・下落のファンドリターンへの影響は限定されることになる。

⑵ レバレッジ

ヘッジファンドのもう一つの特徴であるレバレッジとは、自己資金に加えて外部からも資金を調達し、投資金額を拡大させて収益の上乗せをねらう金融取引である。証拠金や有価証券を担保として差し入れて先物等の金融派生商品（デリバティブ）を使い元本の何十～何百倍に相当する投資を実現させるという手段がよく利用される。たとえば、１単位（元本）の取引を行う場合、現時点では、日経225先物取引では約５％、債券先物取引では約１％の証拠金が必要で、こうした先物取引を利用することによって、株式では元本の約20倍（100％÷５％）、債券では元本の約100倍（100％÷１％）の取引が可能である（証拠金額は、シカゴ商品取引所が開発したSPAN®～The Standard Portfolio Analysis of Riskという一定のロジックに従って、適宜、変更されるルールになっている）。

このようなレバレッジの実態について、1999年12月の調査（Van Money Manager Research）によれば、ヘッジファンド業界では、全体の72％のヘッジファンドがレバレッジ、つまりデリバティブを利用している（残りの28％は利用せず）と報告されているが、そのうち、ヘッジ目的としての利用は49％、ヘッジ目的と収益追求目的の併用は22％とされている。

しかし、かつて“投機の帝王”と呼ばれ200億ドル（日本円で２兆６千億円、1＄＝130円換算）もの資金を運用してきたジョージ・ソロスら有力マネージャーらが運用していたグローバル・マクロと呼ばれる投資戦略では、レバレッジの利用は80％（残りの20％は利用せず）と業界全体に比べて高めで、そのうち、ヘッジ目的のみの利用は39％と全体に比べて低い一方で、収益追求目的との併用は41％と全体に比べて高い結果になっている。

こうしてみると、ヘッジファンド業界における投資戦略変遷のトレンドは、前節で述べたグローバル・マクロやショート・セラーズといったマーケットタイミングを収益源泉とする投資戦略からレラティブ・バリューやマージャー・アービトラージといった市場感応度抑制型の投資戦略への資金の流れといった単にリスクを抑制する動きというものではなく、投資家のレバレッジ忌避といった動きが底流にあったのではないかと考えることができる。なぜなら、1998年8月のLTCM社の破綻は過大なレバレッジにその遠因があったとされているからである。

LTCM社は、1994年に旧ソロモンブラザーズ社の自己勘定トレーディング部門のヘッドであったジョン・メリウェザーによって設立され、債券裁定取引で年率40％にものぼるリターンを記録したが、自らのポジションの大きさやLTCM社の成功に目を付けた他のマネージャーがポートフォリオをコピーしたことから、投資機会が圧迫されて徐々に運用成績が振るわなくなっていった。

そうした運用成績の低下を、彼らはさらにレバレッジを拡大させて薄い利鞘で大量取引を行うことでカバーしていた。しかし、ロシア危機の勃発を機に市場が質への逃避（Fly to Quality）の動きをみせ、買持ちしていたロシア国債やモーゲージ担保証券の価格が大幅に下落する一方で、売持ちしていた日本や米国の国債の価格が大幅に上昇するに至った。このため、レバレッジが逆に働いて売りが売りを呼び急激に損失が拡大し、結局破綻に追い込まれることになったが、破綻時のLTCM社のレバレッジ比率は実に元本の1,000倍以上にも達していたといわれている。

しかし、こうしたヘッジファンドマネージャーは少なくなく、先の調査報告（Van Money Manager Research）にもあるように、多くのマネージャーは

［図表２－21］　ヘッジファンドにおける正味買持ちポジション、レバレッジと投資戦略の関係

		ファンドＡ	ファンドＢ	ファンドＣ	ファンドＤ
買持ち	①	200%	150%	180%	40%
売持ち	②	200%	100%	20%	30%
正味買持ち	①－②	0%	50%	160%	10%
買持ち／売持ち	①／②	1.00	1.50	9.00	1.33
レバレッジ	①＋②	400%	250%	200%	70%
投資戦略	FRM 分類	統計分析 裁定取引	株式ロング バイアス	株式ロング バイアス	株式ノー バイアス
	他の呼称	アービト ラージ	エクイティ・ ロングショート		エクイティ・ マーケット ニュートラル

（注）　正味買持ち（ネット・ロング）ポジションを、マーケットエクスポージャーという。
出所：FRM 社

投機的取引というよりもリスクコントロール目的でレバレッジを利用している。その理由は、大半のヘッジファンドマネージャーが自己資金をファンドに投下しており、損失回避に対するインセンティブが働きやすいということと無関係ではなく、FRM 社も、『2001年のヘッジファンド投資（Annual Viewpoint2001）』のなかで、「リスク管理の良否こそがヘッジファンドマネージャーを差別化する最大の要因で、それが、将来を予想する鍵」と述べている。

このような、ヘッジファンドにおける市場感応度（マーケットエクスポージャー）とレバレッジの関係をまとめると、図表２－21のとおりとなる。

図表２－21では、市場感応度（マーケットエクスポージャー）とレバレッジについて四つのファンドの事例をあげている。正味買持ち、つまり市場感応度が最も大きいファンドはファンドＣで、レバレッジが最も大きいファンドはファンドＡであるが、実はファンドＣのリスクが最も大きいことになる。

しかし、正味買持ちが小さくても、アセットマッチングと呼ばれる買持ちと売持ちがミスマッチになっている場合は、それぞれ独立したリスクを抱えているということになり、LTCM 社は低格付債ロング／高格付債ショート

[図表２－22]　ヘッジファンドの投資戦略とレバレッジの関係

投資戦略	概　　要	レバレッジ比率（運用元本100%に対する比率）			
		ロング比率（買持ち）	ショート比率（売持ち）	ネット	グロス
セキュリティ・セレクション	ファンダメンタル分析による株式のロング・ショート				
ロング・バイアス	ロング比率がショート比率を25%以上上回る	50～200%	20～120%	40～80%	150～200%
ノー・バイアス	ロング比率とショート比率の差が25%以下	50～150%	50～150%	△20～20%	150～200%
ショート・バイアス	ショート比率がロング比率を25%以上上回る	0～40%	30～120%	△40～100%	100～150%
ディレクショナル・トレーディング	投資対象の方向性（上昇・下落）がリターンの源泉				
自己判断運用	定性判断に基づき運用	300～800%	300～800%	△500～500%	300～800%
システム運用	定量分析に基づき運用	300～800%	300～800%	△500～500%	300～800%
レラティブ・バリュー	投資対象のスプレッド（価格差）の拡大・縮小がリターンの源泉				
コンバージェンス・アービトラージ（債券）	債券のロング＋ショート	500～2000%	500～2000%	0%	1000～2000%
コンバージェンス・アービトラージ(転換社債)	転換社債のロング＋株式のショート	300～800%	300～800%	0%	300～800%
買収合併裁定取引	被買収企業のロング＋買収企業のショート	100～400%	100～400%	0%	100～400%
統計分析裁定取引	統計分析に基づく株式のロング＋ショート	80～200%	80～200%	0%	100～200%
スペシャリスト・クレジット	低格付証券（信用リスク）がリターンの源泉				
ディストレスト証券	低格付証券のロング＋ショート	80～120%	0～20%	60～80%	80～120%

出所：FRM社

といった信用リスクのミスマッチが顕在化したケースで、たとえば、エクイティ・マーケットニュートラル戦略でいえば、割安株と成長株（スタイル）、大型株と小型株（サイズ）、テクノロジーセクターと公益セクター（セクター）といったリスクファクターのミスマッチがそれに当たる。

なお、一般的に、価格変動率が小さい債券中心の投資戦略のレバレッジ比率は、価格変動率が大きい株式中心の投資戦略のレバレッジ比率よりも大きいという関係になっている（図表２－22参照）。

5.　ヘッジファンドの報酬体系

ヘッジファンドの特徴として、マーケットエクスポージャーやレバレッジと並んであげられるものに報酬体系がある。

ヘッジファンドの報酬体系は、伝統的資産と同じような運用残高に対する報酬と、運用成果に対する報酬といった二つのパーツで構成されている。前者を“マネジメント・フィー”、後者を“パフォーマンス・フィー”あるいは“インセンティブ・フィー”と呼び、平均的には、マネジメント・フィーは1.0～1.5%、パフォーマンス・フィーは10～20%とされていて、パフォーマンス・フィーの計算ロジックとしては、“ハードルレート方式”と“ハイウォーターマーク方式”の２通りがある。

⑴　ハードルレート方式

“ハードルレート方式”とは、ある一定の期待レート（ハードルレート）に基づき、一定期間経過後の予想時価総額を算出し、実際のファンドの時価総額が、その予想時価総額を上回った部分に対してパフォーマンス・フィーが適用されるという考え方である。たとえば、パフォーマンス・フィーが20%で、10%のハードルレートが設定されている場合は、ファンドの時価総額が100から120へと上昇すると、120－(100＋100×10%)＝10に対して20%のパフォーマンス・フィーが課せられることになり、パフォーマンス・フィーは２となる。ここで、マネジメント・フィーを1.5%とすると、ファンドマネージャーの総報酬額は3.5（100×1.5%＋２）となる。なお、ハードルレート未達（予想時価総額＞実際の時価総額）の場合は、パフォーマンス・フィーは課せられない仕組みとなっている。

⑵　ハイウォーターマーク方式

“ハイウォーターマーク方式”とは、ファンドの時価総額が過去のピークを上回った部分に対してのみパフォーマンス・フィーを適用するといった考え方である。Van Money Manager Research が1999年に実施した調査によれば、ハードルレート方式を採用しているヘッジファンドマネージャーは全体の17%にすぎないが、ハイウォーターマーク方式の採用は全体の75%に達していて、こちらのほうがポピュラーな報酬体系である。たとえば、20%のパフォーマンス・フィーが設定されている場合、ファンドの時価総額の過去のピークが150で現在が130とすると、その場合はマネジメント・フィーのみが徴求されることになるが、ファンドの時価総額が170へと上昇すると、マネジメント・フィーに加えて、時価総額増分の20（170－150）にかかわるパフォーマンス・フィー（20×20％＝４）が徴求されることになる。

⑶　パフォーマンス・フィーの計算ロジック

以下に、ハードルレート方式とハイウォーターマーク方式におけるパフォーマンス・フィーの計算ロジックを紹介する（図表２－23参照）。

図表２－23の事例では、ハードルレート方式では、１年目、２年目は、運用実績がハードルレートを下回っていることからパフォーマンス・フィーは徴求されないが、３年目はハードルレートを（２単位）上回る運用実績をあげていることから、そうした部分（つまり、３年目の２単位、４年目の１単位、６年目の２単位）に対してパフォーマンス・フィーが徴求されることになる。一方、ハイウォーターマーク方式では、５年目になって、初めて過去の時価総額のピークを上回ることになるので、そうした部分（つまり、５年

［図表２－23］　ハードルレート（HR）方式とハイウォーターマーク（HWM）方式

〈イメージ図〉

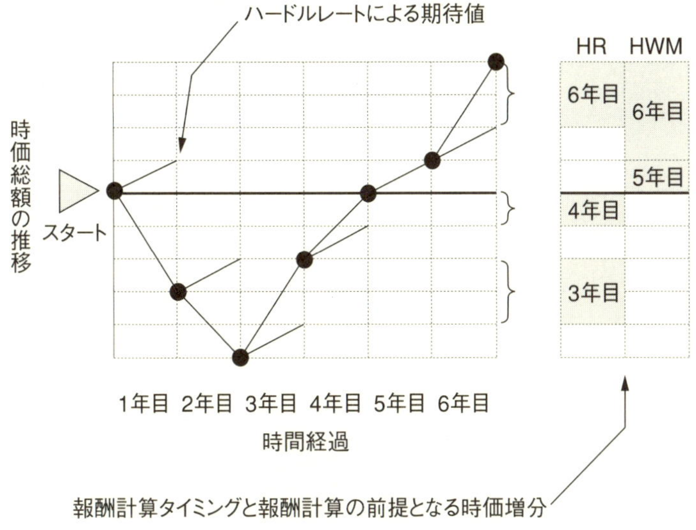

目の１単位、６年目の３単位）に対してパフォーマンス・フィーが徴求されることになる。

これまで述べてきたように、ヘッジファンドは、投資戦略はもとより、マーケットエクスポージャー、レバレッジ、報酬体系という点で伝統的資産とは異なる側面をもっている。次節では、そうしたヘッジファンドのリスク・リターンの特性について詳しく解説する。

6. ヘッジファンドのリスク・リターン特性

ヘッジファンドの特性は、①年率10%台の絶対リターン（短期金利＋αで表示されるケースもある）をねらう投資戦略、②高い運用効率、つまりリスク当りのリターン（シャープ・レシオ）が高い投資戦略、③市場リスクが低くマネージャーにかかわるリスクが大きいスキルベースの投資戦略、④債券や株式といった伝統的資産と低相関で、特に、伝統的資産の下落時のマイナスリターン、つまりダウンサイドリスクを回避できる投資戦略、といった四つのポイントに集約される。

⑴ 絶対リターンの追求

図表２－24は、ヘッジファンド業界全体の過去10年間のパフォーマンス実績であるが、すべてプラスのリターンで、特に、株式市場の下落が顕著な2000年、および2001年においてもプラスリターンを確保している。

ヘッジファンドは、1992年以来、通算で年率15.5%程度のリターンをあげているが、短期金利対比でみても短期金利＋10.7%程度のリターンを確保しており、絶対リターンあるいは短期金利＋αといったヘッジファンドの特性をよく表している（図表２－24参照）。

⑵ 高い運用効率

ヘッジファンドの運用効率を伝統的資産のそれと比較してみると、「リターンは債券の倍程度、リスクは株式の３分の２程度」という実績で、その結

[図表2－24]　ヘッジファンドリターンの推移

	ヘッジファンド全体	S&P500（株式）	リーマン総合インディクス（債券）	短期金利
1992年	21.2%	7.6%	7.4%	3.7%
1993年	30.9%	10.1%	9.7%	3.1%
1994年	4.1%	1.3%	△2.9%	4.3%
1995年	21.6%	37.6%	18.5%	5.9%
1996年	21.1%	23.0%	3.6%	5.4%
1997年	16.8%	33.4%	9.7%	5.4%
1998年	2.6%	28.6%	8.7%	5.1%
1999年	31.3%	21.0%	△0.8%	4.9%
2000年	5.0%	△9.1%	11.6%	6.2%
2001年	4.8%	△11.9%	8.4%	3.8%
年率換算	15.5%	12.9%	7.2%	4.8%
短期金利＋α	10.7%	8.2%	2.5%	
標準偏差	10.5%	16.4%	5.8%	
シャープ·レシオ	1.0	0.5	0.4	

出所：HFR社のデータに基づき算出（短期金利は米3MLIBOR）。

果、1.0という高い運用効率が実現されている（図表2－24参照）。

このような高い運用効率は、高いリターンと低いリスクによって実現される。なお、リスクについてはファンドマネージャーが自分の財産をファンドに投資しているというプレッシャーによる部分もあろうが、むしろ、一般の資産運用にはみられない金融派生商品（デリバティブ）等を使用した多様なリスクヘッジ技術が、低いリスクの実現に一役買っている。

伝統的資産の運用は、いわば買持ち運用なので、市場の上昇局面では高いリターンが期待できるが、市場の下落局面では資産を売却するのが精一杯で、短期資産以上のリターンをあげることは困難である。しかし、ヘッジファンドの場合は、市場の下落局面でもショートポジションを構築することによってリターンの積上げが可能で、つまり、市場の上げ下げにかかわらずリターンを追求することができる投資戦略であることから、リターンのぶれを最小限にとどめることができる。

図表2－25において、伝統的資産とヘッジファンドの各投資戦略のリスク

[図表2 －25]　伝統的資産とヘッジファンド各投資戦略別のリスクとリターン

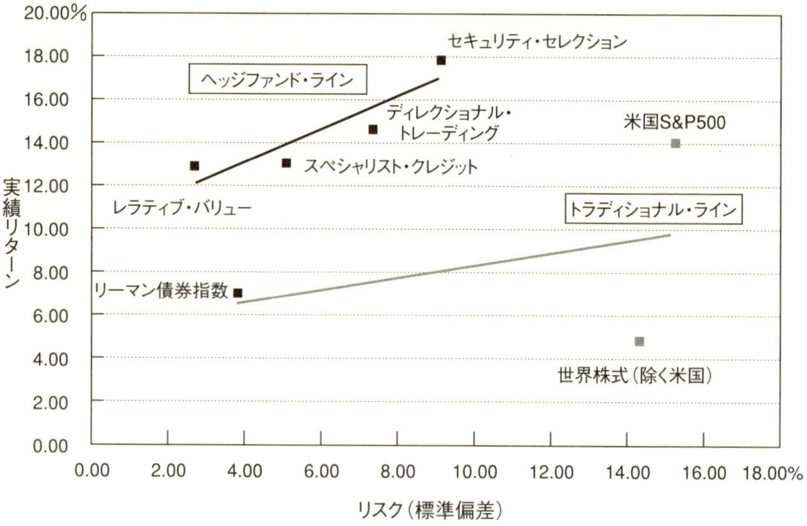

出所：FRM社（1994年1月～2001年12月の実績値）。

とリターンをプロットしているが、それぞれを近似的につなぎ合わせた“トラディショナル・ライン”と“ヘッジファンド・ライン”を比べてみると、ヘッジファンド・ラインのほうがトラディショナル・ラインよりも上方に位置していて、リスク当りのリターンが高い投資戦略であることがよくわかる。

⑶　スキルベースの運用

伝統的資産の運用は、現代投資理論（モダン・ポートフォリオ・セオリー）で指摘されているように、投資家がリスクを負って債券や株式に投資した場合、長期的には短期資産以上のリターンが期待できるとされている。

これは、個々の資産が本源的にもっている短期資産に対する超過リターン（リスクプレミアム）を享受できるということで、市場追随型のパッシブ運用を行うことによって獲得できるリターンである。図表2－26をみると、そうしたリスクプレミアムの水準は債券で1.9%、株式で7.1%となっていて、パッシブ運用によって投資家が獲得できるリターンは、債券で5.7%（=3.8%

[図表2－26]　伝統的資産とオルタナティブ投資のリターン分解

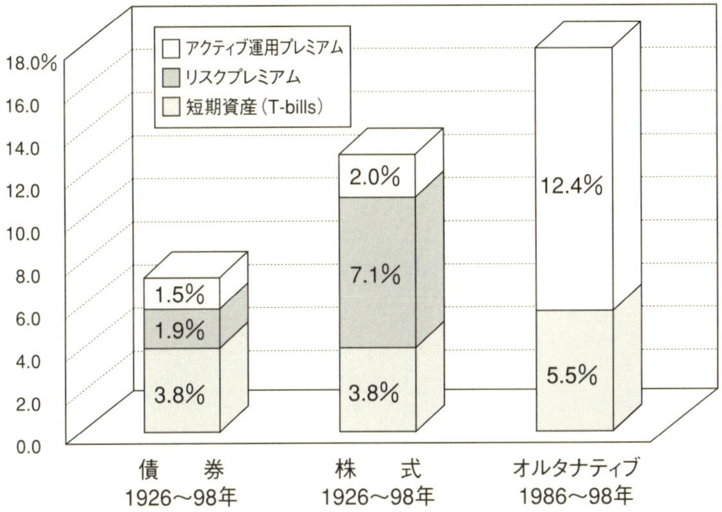

出所：Ibbotson Associates and Quadra Capital Management LP

＋1.9％)、株式で10.9％（＝3.8％＋7.1％）となっている。さらに、計測期間においては、これにアクティブ運用による付加価値が上乗せされ、できあがりの全体リターンは、債券で7.2％（＝3.8％＋1.9％＋1.5％)、株式で12.9％（＝3.8％＋7.1％＋2.0％）と報告されている。

一方、ヘッジファンドを含むオルタナティブ投資の場合は、リスクプレミアムリターンはゼロとなり、計測期間に違いはあるが付加価値の上乗せが12.4％で、できあがりの全体リターンは17.9％（＝5.5％＋12.4％）と報告されている（図表2－26参照)。

これが、ヘッジファンドが“スキルベース運用”といわれ、そのリターンが“スキルベースリターン”といわれる理由である。

なお、伝統的資産に対する市場感応度をベータと呼ぶのに対し、こうした市場の動きに左右されないスキルベースリターンはアルファと呼ばれている。つまり、伝統的資産の場合は、投資家は長期的にはパッシブ運用やアクティブ運用を通じて短期資産に対する超過リターンを獲得することができる

[図表２－27]　マネージャーリターンの格差イメージ

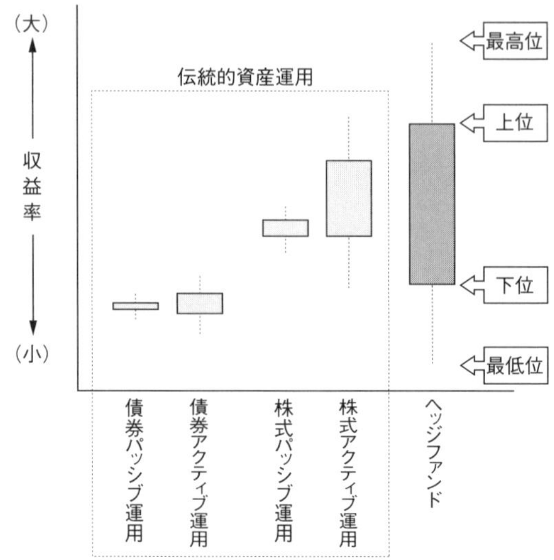

が、ヘッジファンドの場合は、ヘッジファンドマネージャーのスキルに依存するという特性があることから、ヘッジファンドに長期間投資しても必ずしも短期資産に対する超過リターンを獲得できるとは限らない。したがって、短期資産プラスアルファをねらっても、短期資産マイナスアルファとなってしまうケースも想定される。

図表２－27は、伝統的資産とヘッジファンドにおけるマネージャーリターンの格差のイメージを表している。伝統的資産では、債券よりも株式のほうが価格変動性（ボラティリティ）が大きいことから、マネージャーリターンの格差も、債券よりも株式のほうが大きい。一方、ヘッジファンドは、伝統的資産にみられるリスクプレミアムという短期資産に対する上乗せリターンがなく、いわばゼロからの積上げで、かつ、マネージャーのスキルがパフォーマンスに及ぼす影響が大きいことから、マネージャーリターンの格差は伝統的資産よりも必然的に大きくなる（図表２－27参照）。

このようなマネージャーリターンの格差について、図表２－28では、ヘッジファンドの投資戦略ごとの年率リターン上位グループ（90％タイル：100の

[図表２－28]　ヘッジファンドの投資戦略別リターン格差

		ディレクショナル・トレーディング		レラティブ・バリュー		スペシャリスト・クレジット		セキュリティ・セレクション	
		2001年	1995～2000年	2001年	1995～2000年	2001年	1995～2000年	2001年	1995～2000年
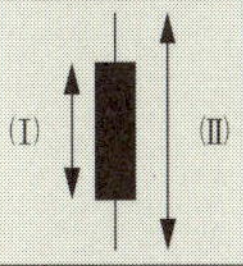	90%タイル	22.46%	28.61%	18.63%	20.08%	31.18%	19.34%	29.61%	33.38%
	75%タイル	15.99%	23.12%	11.93%	16.41%	21.38%	15.56%	12.79%	26.44%
	25%タイル	2.22%	9.40%	3.59%	9.59%	4.04%	7.02%	△1.94%	11.40%
	10%タイル	△12.02%	6.81%	△1.11%	6.50%	△5.98%	5.43%	△13.94%	4.26%
リターン格差	(I)	13.77%	13.72%	8.33%	6.82%	17.34%	8.53%	14.73%	15.03%
	(II)	34.48%	21.80%	19.75%	13.59%	37.15%	13.91%	43.54%	29.13%

出所：FRM社　Annual Viewpoint 2001

マネージャーがいると仮定した場合にトップから数えて10番目のマネージャーのリターン）から下位グループ（10%タイル：トップから数えて90番目のマネージャーのリターン）までの、2001年の実績値と1995年から2000年の過去５年間の平均値を比較している（図表２－28参照）。

図表２－28について、75%タイルと25%タイルに位置するマネージャーのリターン格差(Ⅰ)をみると、2001年は、一部の例外を除き、過去５年間とほぼ同じリターンを示している（一部の例外とは、スペシャリスト・クレジットで、資金調達を希望している企業の発行する社債・転換社債・ワラント債を第三者向けの私募増資の形で投資し、その値上り益をリターンの源泉とするプライベート・プレースメントの影響によるもの)。しかし、トップマネージャー（90%タイル）とボトムマネージャー（10%タイル）の格差（Ⅱ）をみると、過去５年に比べて大きく拡大していることがわかる。2001年は、毎月100を超えるファンドマネージャーが誕生したようであるが、こうした結果は、非常に優れたマネージャーが登場する一方で、そうでないマネージャーも数多く登場したことを表していて、マネージャーセレクションが、日を追うごとに困難になってきている様子がうかがえる。

⑷　伝統的資産との低相関性、ダウンサイドリスクの回避

現代投資理論に基づく運用の基本は分散投資である。「卵を一つの籠に盛

るな」という格言があるが、特定の資産に集中投資するのではなく、多数の資産に適度に分散投資をすることによって、リターンのぶれを抑えながら高いリターンをねらうという投資の考え方であるが、その分散投資の効果を高めるキーワードは“低相関”である。分散投資との関係でいえば、単に多数の資産に分散するのではなく、資産間の相関がゼロ近辺あるいはマイナスとなるような資産同士を組み合わせることがポイントで、そうすることで、ポートフォリオ全体のリスクを抑制することができる。

第1章で指摘したように、伝統的資産、特に内外株式の相関係数が、近年、高まってきているなかで、伝統的資産との低相関が期待されるオルタナティブ投資のうち、特に、ダウンサイドリスクを回避する機能をもち、流動性や時価評価に優れたパブリックマーケット投資の一つであるヘッジファンドが注目されるようになってきている。

しかし、2001年10月の年金コンサルティング会社のワトソン・ワイアット社の調査によれば、ヘッジファンドと米国株式との相関は1999年12月時点の過去3年間で0.7と報告されており、HFR（ヘッジファンドリサーチ）社のデータでも0.76、FRM 社のデータでも0.7となっている（図表2－29参照）。

［図表2－29］ ヘッジファンドと米国株式との相関係数（36カ月ローリング）

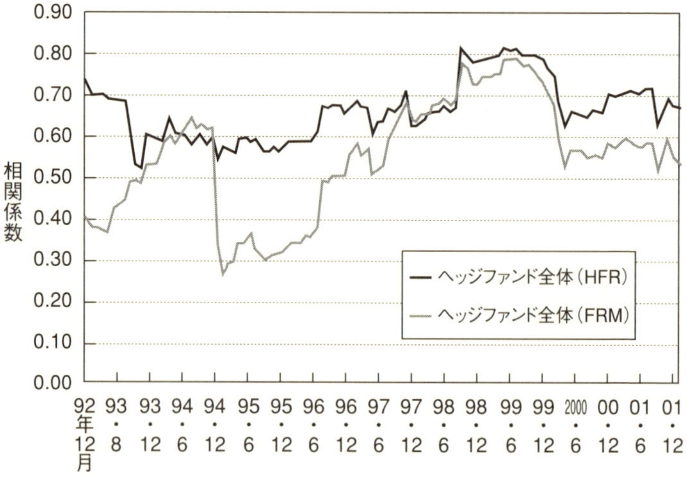

出所：HFR 社、FRM 社

これまでオルタナティブ投資のうちヘッジファンドを取り上げ、伝統的資産との低相関性について述べてきた。このため、こうした検証結果について違和感をもたれる読者が多いのではないかと思われるが、これについては伝統的資産の市場局面に照らしてみてみると、その理由が明らかになる。

図表２－30は、ヘッジファンドと米国株式（S&P500）の累積投資収益、ヘッジファンドと米国株式の相関係数の推移を示しているが、ヘッジファンドはダウンサイドリスクを回避しながら絶対リターン（あるいは、短期金利＋アルファ）をねらう投資戦略であることから、ヘッジファンドのリターン推移は右肩上がりの傾向となる。したがって、米国株式の上昇局面では、「結果としての相関」が高まることにより、特に1999年12月時点は、それまでの３年間、米国株式が堅調に推移したことから相関係数も0.7程度と高い水準となっている。

［図表２－30］　株式市場の動向と伝統的資産に対するヘッジファンドの相関係数の推移（36カ月ローリング）

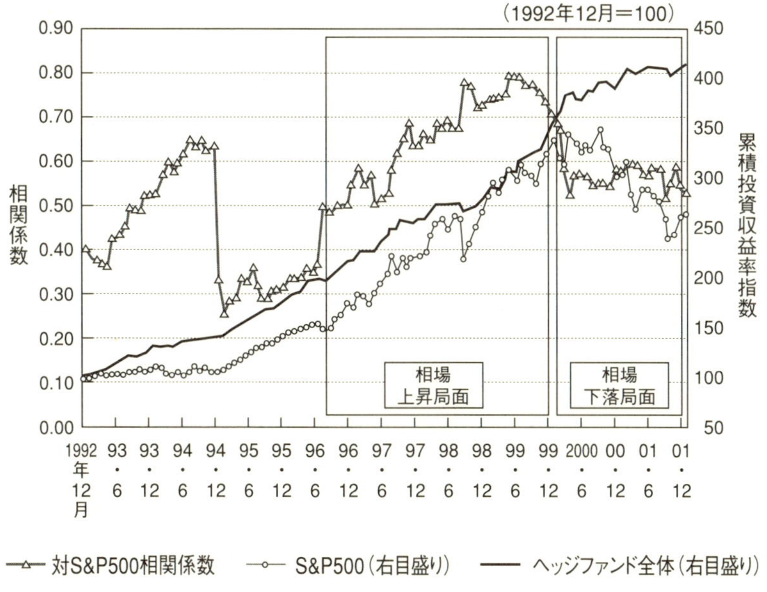

出所：FRM社

しかし、2000年以降、米国株式が調整局面入りするなかでもヘッジファンドは引き続き右肩上がりの傾向をたどったことから、相関係数は低下することになり、これが伝統的資産に対する低相関性によるヘッジファンドの“ダウンサイドリスク回避機能”である（図表２－30参照）。

それでも、2001年12月末時点のヘッジファンド全体の米国株式に対する36カ月ローリングの相関係数は0.54とやや高めとなっている。このため、実際のヘッジファンド投資にあたっては、ゲートキーパーを活用するなどして、低相関が実現できるような投資戦略やマネージャーを組み合わせていくことになる。これについては、後記第２節９.(7)「ファンド・オブ・ファンズのリスク・リターン特性」における図表２－61で、ゲートキーパーのマネージャーセレクション能力がおわかりいただけるものと思う（なお、相関係数が高めになっている理由としては、36カ月ローリングの数値であるため、相場下落時の“ダウンサイドリスク回避機能”がすぐには反映されないという要因がある）。

ところで、伝統的資産は、1998年（７～９月）のロシア危機（ヘッジファンド危機）、2000年（９～11月）のITバブルの崩壊、そして2001年９月の米同時多発テロの勃発と、これまで幾度も突発的な相場の下落に悩まされてきた。そうしたなかで、ヘッジファンドは、市場感応度を表すベータ値を抑制し、ファンドマネージャーのスキルに基づくアルファ値を高めることによって、幾多のイベントリスクをくぐり抜けてきた（図表２－31参照）。ただし、このうち、1998年（７～９月）はLTCM社の破綻による“ヘッジファンド危機”とも呼ばれている時期で、他のケースに比べてヘッジファンドマーケットの下落幅も大きくなっている。しかし、そうしたなかで、FRM社が選定したマネージャーのユニバースリターンの下落幅は抑制されていて、マネージャーセレクションの重要性を確認することができる。最後に、これまで説明してきたヘッジファンドの特徴を伝統的資産のアクティブ運用との相違点としてまとめたのが、図表２－32である。

［図表２－31］ イベントリスク発生時における伝統的資産とヘッジファンドのリターン

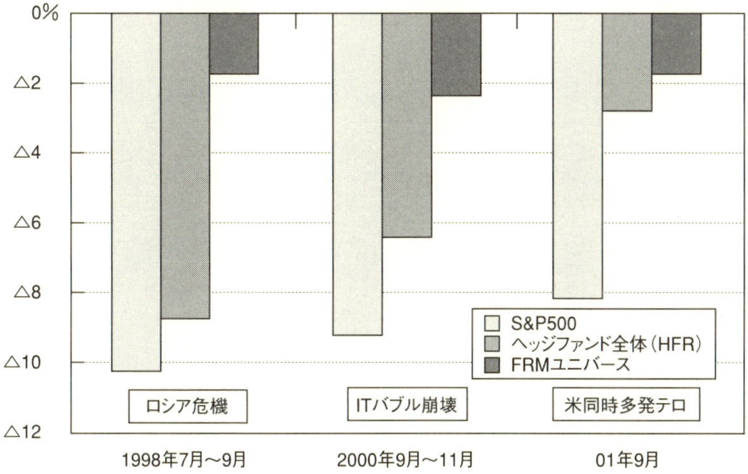

［図表２－32］ 伝統的資産のアクティブ運用とヘッジファンドとの相違点

	伝統的資産	ヘッジファンド
リターンの定義	市場ベンチマーク＋超過収益	絶対収益
リターンの源泉	市場の上昇＋銘柄選択	個別の運用技術
リスクの定義	ベンチマークからの乖離 トラッキングエラー	損　失 ダウンサイド·ディビエーション
市場下落リスクの回避方法	な　し	ショート
報酬	マネジメント・フィー	同左＋パフォーマンス·フィー
運用者自身の個人資産	ほとんど投資せず	大部分を投資
会社規模	大	小
運用規制	金融当局の規制	オフショア（規制が緩い）

出所：FRM社

7.　ヘッジファンドの基本構造

これまで、ヘッジファンドのリスク・リターン特性について説明してきたが、本項では、その基本的な構造を明らかにする。

(1) ヘッジファンドのリターン特性

前章では、ヘッジファンドのリターンを、“アルファ値”と“ベータ値”を用いて表現したが、ヘッジファンドにおけるアルファは絶対リターンのほか、短期金利に対する超過収益率として認識される場合もある。なお、短期金利に対する超過収益率で表される理由は、たとえば、エクイティ・マーケットニュートラル戦略では、買持ちポジションを売持ちポジションで相殺することになるが、このようなポジションから生じるリターンは短期金利に裁定される（収斂する）からであり、これに買持ちポジションと売持ちポジションの銘柄選択によるアルファが上乗せされることになる。

このような特性を具体的に把握するため、図表２－33および図表２－34に、FRM社が提供しているローリスク型の「アービトラージファンド」とミドルリスク型の「ダイバーシファイドファンド」のアルファ、ベータ、およびS&P500に対する相関係数をあげる。なお、アービトラージファンドは債券並みのリスクで債券の倍のリターンを提供するコンセプトのファンドであり、ダイバーシファイドファンドは株式の３分の２のリスクで株式並みのリターンを提供するコンセプトのファンドである（図表２－33、２－34参照）。

アービトラージファンド、ダイバーシファイドファンドの双方ともベータは抑制されていて特定市場に対する市場感応度はかなり低く、一方、アルファは双方とも大きくプラスとなっており、ヘッジファンドマネージャーのスキルがアルファという形で確認できる（この場合のアルファは月次ベースの絶対リターンを表している）。また、市場感応度を別の角度からみたものが相関係数であるが、双方ともゼロ近辺からマイナスの数値となっていて、伝統的資産との組合せで、高い運用効率を実現できることが見て取れる。

先に、2001年12月末時点のヘッジファンド全体の米国株式に対する（36カ月ローリングの）相関係数は0.54（図表２－30参照）と述べたが、同じ期間におけるアービトラージファンドの実績値は△0.29、ダイバーシファイドファンドの実績値は△0.30と、伝統的資産に対する逆相関性が実現されており、ゲートキーパーによる投資戦略の分散やマネージャー選定にかかわるスキル

[図表２－33]　アービトラージファンドと米国株式（S&P500）の関係

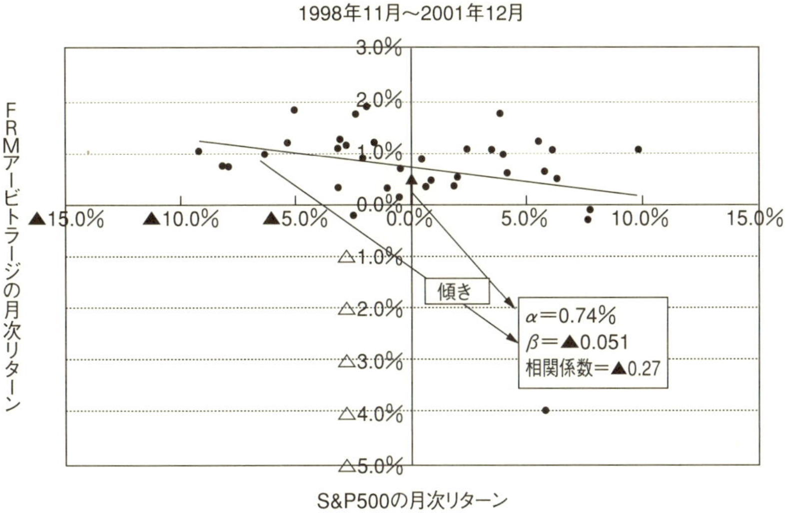

出所：FRM 社

[図表２－34]　ダイバーシファイドファンドと米国株式（S&P500）の関係

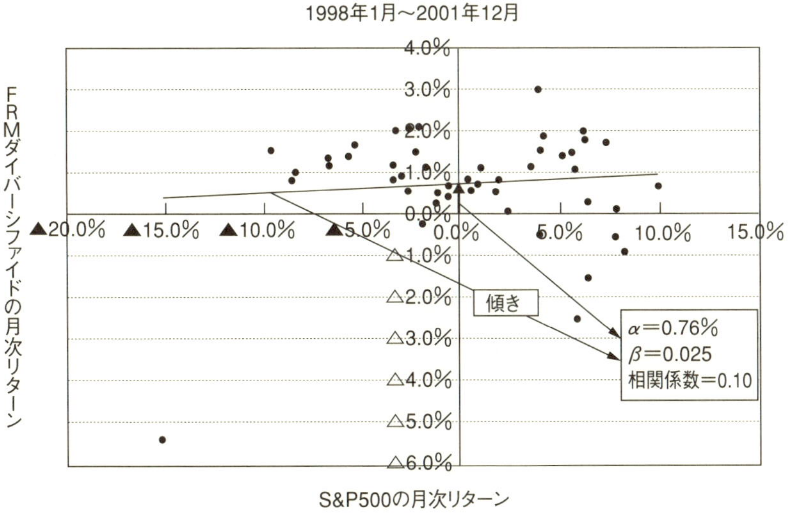

出所：FRM 社

が発揮されているといえよう。

⑵　ヘッジファンドとオプション理論

ところで、ダウンサイドリスクに強いというヘッジファンドの特性について、たとえば、セキュリティ・セレクションのノー・バイアスに分類されるエクイティ・マーケットニュートラル戦略について考えてみる。この場合、ロングポジションとショートポジションが相殺され市場感応度のベータが小さくなるのでアルファが絶対リターン確保の源泉となるのは想像にかたくないが、その他のスタイルは、ベータがゼロではなく、相応の水準であるにもかかわらず、なぜ、市場の動きと独立した絶対リターンを確保することができるのかと疑問をもたれる読者も多いのではないだろうか。これについては、ヘッジファンドを金融取引のオプション戦略として分析してみると、さまざまな特性が明らかになってくる。

オプションとは、ある特定の商品を、将来のある一定時点（またはそれ以前）に、あらかじめ定められた価格で買う権利（コールオプション）、または売る権利（プットオプション）のことを指す。ヘッジファンドを、こうしたオプションに照らして考えてみると、ベータがゼロではなく相応の水準であるにもかかわらず、市場の動きと独立した絶対リターンを確保できるということは、ヘッジファンドマネージャーは、伝統的資産に投資しつつも、伝統的資産を将来のある一定時点（またはそれ以前）にあらかじめ定められた価格で売る権利をもっていると考えることができる。そうしたポジションは、伝統的資産の買持ちポジションを相殺するショートポジションとなることから、それはオプション取引におけるプットオプション（売る権利）の買持ちに相当することになる。

このような伝統的資産の買持ち、プットオプションの買持ち、およびそれらの合成ポジションの損益グラフを表したものが図表２－35、２－36、および２－37である。

まず、図表２－35は、伝統的資産を買持ちした場合の、価格変化と損益の変化を示しているが、価格が上昇すると利益が生じ、価格が下落すると損失が生じるというシンプルな関係を表している（図表2－35参照）。

次に、図表2－36では、売る権利であるプットオプションを買持ちした場合の価格変化と損益の関係を示している。オプションが派生商品（デリバティブ）といわれるゆえんは、派生元である“原証券”が存在することにあるが、ここでいう価格変化は原証券の伝統的資産の価格変化に当たる。つまり、伝統的資産の価格が上昇するとプットオプションの価格は下落するが、その場合は、プットオプション（売る権利）を放棄することでプットオプシ

［図表2－35］　伝統的資産の買持ちポジション

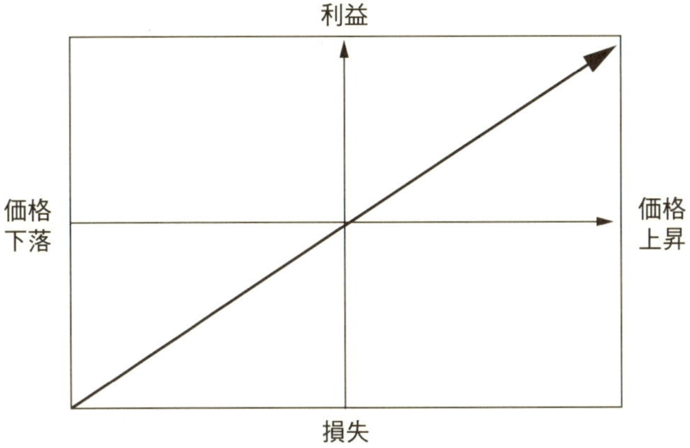

［図表2－36］　プットオプション（売る権利）の買持ちポジション

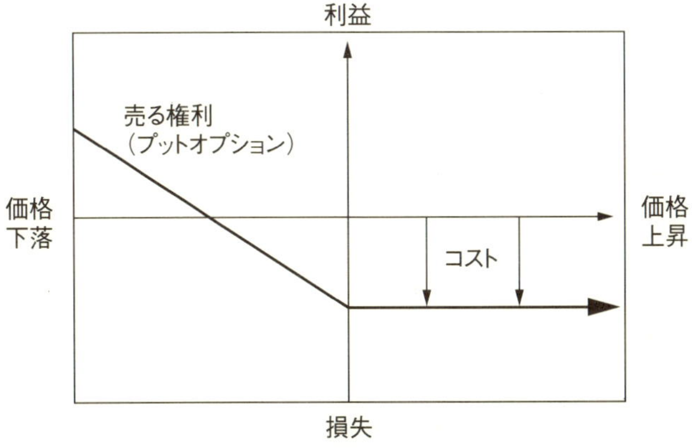

[図表2－37]　伝統的資産の買持ち＋プットオプションの買持ちポジション

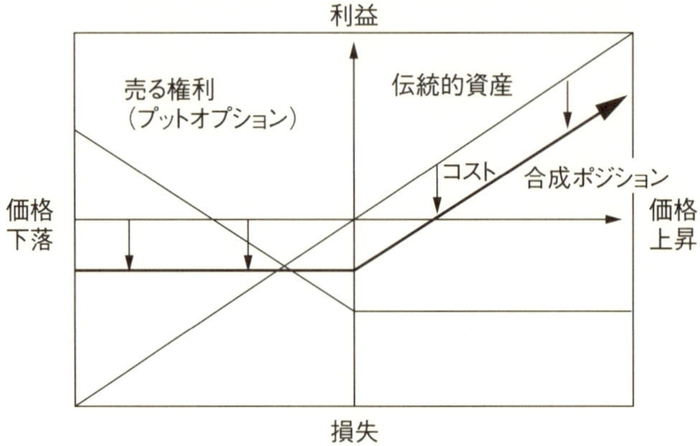

ョンの購入価格（コスト）以上に損失が拡大するのを回避することができる。一方、伝統的資産の価格が下落するとプットオプションの価格は高まることになる（図表2－36参照）。

図表2－35と2－36を組み合わせたものが図表2－37である。伝統的資産の買持ちと、プットオプション（売る権利）の買持ちの組合せは、伝統的資産の価格が上昇すると利益が生じ、伝統的資産の価格が下落しても損失は限定されるという関係になる。つまり、伝統的資産の価格が上昇する局面での利益を、伝統的資産の価格が下落する局面での損失を回避するためのスキームを構築するためのコスト（図表2－37の矢印〈↓〉部分）にあてているので、伝統的資産の価格上昇局面では、伝統的資産以上の利益が生じないという関係になる。

このように、伝統的資産の買持ちとプットオプション（売る権利）の買持ちを組み合わせたポジションの損益は、ヘッジファンドのリターン特性に非常によく似ている。図表2－38は、米国株式とヘッジファンドの市場動向であるが、どちらの分析においても、ヘッジファンドは伝統的資産の右肩上がりの上昇局面では、そのリターンには及ばないものの、伝統的資産の下落局面では損失を回避できている様子がよくわかる（図表2－38参照）。

オプションの価格は、伝統的資産の上下への動きだけでなく変動性が高ま

[図表２－38]　三つの市場環境下における伝統的資産とヘッジファンドのパフォーマンス比較

分析期間	①1991年４月～2000年３月		②1990年１月～2001年12月	
	S&P500	ヘッジファンド	S&P500	ヘッジファンド
不調時	△2.4%	1.6%	△3.7%	△0.4%
通常時	4.2%	4.2%	1.2%	1.7%
好調時	11.1%	7.1%	5.2%	2.6%

出所：① Watson Wyatt「Hedge funds a risk too far?」October 2001
② HFR 社のデータ（全144カ月分）に基づき、株式市場の三つの局面に応じて算出。

ると上昇するが、伝統的資産の変動性が高まるなかでヘッジファンドが高い絶対リターンをあげられる理由も、このようにヘッジファンドを伝統的資産の買持ちとプットオプション（売る権利）の買持ちを組み合わせたポジションに分解することで明らかになる。

ところで、ヘッジファンドの運用報酬は伝統的資産に比べ高めであるが、このようなプットオプションを買うための費用、つまりマネージャーのリスク管理技術に照らして考えれば決して高い水準ではないのではないか。

オプションの考え方に基づきヘッジファンドを分析してみると、「リスク管理の良否こそがヘッジファンドマネージャーを差別化する最大の要因で、それが、将来を予想する鍵」とする考え方は納得できるのである。

8.　ヘッジファンドの分散投資

(1)　ヘッジファンドの効率的フロンティア

現代投資理論の基本理念に国際分散投資という考え方があることはすでに紹介したが、ヘッジファンドの世界にもこうした考え方があてはまる。分散投資のキーワードは低相関で、ヘッジファンドの伝統的資産に対する低相関に加えて、そうした関係をヘッジファンドマネージャー間でも実現できれば、いっそう高い運用効率を獲得できることになる。

図表２－39は、ヘッジファンドの投資戦略のリスク・リターン・相関係数

[図表２－39]　ヘッジファンドの実績リターンによる効率的フロンティア

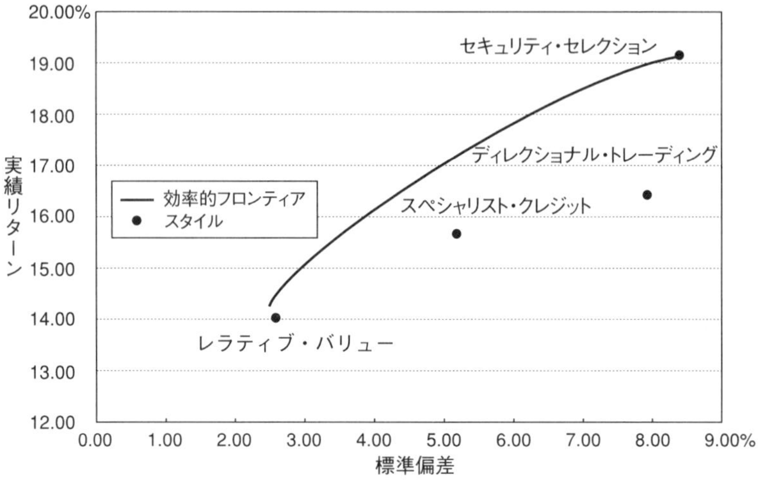

出所：FRM 社、1992年１月～2001年12月までの実績リターン・リスク・相関係数に基づき算出。

の実績値に基づき、効率的フロンティアを描いたものであるが、効率的フロンティアは個々の投資戦略よりも左上に位置していることから個々のヘッジファンドを組み合わせることによって高い運用効率が期待できることを示唆している（図表２－39参照）。

また、図表２－40は、ファンド・オブ・ファンズに組み入れられているヘッジファンドマネージャー間のリターンの相関係数であるが、同一スタイルのマネージャー間で低相関を実現されていることはもちろんのこと、他のスタイルのマネージャー間との低相関も実現されている。このような組合せが最も望ましく、また、こうした関係を一時点ではなく一貫して保持するよう継続させることがポイントで、そのためにモニタリングが重要であることはいうまでもない（図表２－40参照）。

[図表2－40]　ファンド・オブ・ファンズに組み入れられている個々のマネージャー間の相関係数

他セクターのファンドと『逆相関』

同一セクター内でも『低相関』

セクター			ディレクショナル・トレーディング					レラティブ・バリュー									セキュリティ・セレクション							
			自己判断運用			システム運用		債券裁定取引		転換社債裁定取引			買収裁定取引	統計分析裁定取引			ロング・バイアス		ノー・バイアス				ショート・バイアス	
		ファンド	1	2	3	4	5	6	7	8	9	10	11	12	13	14	15	16	17	18	19	20	21	22
ディレクショナル・トレーディング	自己判断運用	1	1.0																					
		2	0.0	1.0																				
		3	0.4	0.3	1.0																			
	システム運用	4	0.2	0.6	0.2	1.0																		
		5	0.0	0.4	−0.1	0.8	1.0																	
レラティブ・バリュー	債券裁定取引	6	−0.5	0.1	0.0	0.0	−0.0	1.0																
		7	0.4	0.1	0.2	−0.1	−0.1	0.2	1.0															
	転換社債裁定取引	8	0.6	0.0	0.1	−0.0	−0.0	−0.1	0.2	1.0														
		9	0.2	−0.0	−0.0	−0.3	−0.2	0.2	0.0	0.2	1.0													
		10	0.4	0.3	0.6	0.5	0.2	0.0	0.1	0.1	0.4	1.0												
	買収裁定取引	11	−0.4	−0.1	−0.1	−0.2	−0.2	0.0	0.2	−0.1	0.2	−0.9	1.0											
	統計分析裁定取引	12	0.4	0.0	−0.1	0.0	−0.0	0.0	−0.1	−0.0	0.1	−0.2	0.0	1.0										
		13	0.4	0.0	0.2	−0.1	−0.1	−0.1	−0.0	0.0	0.3	−0.7	0.0	0.4	1.0									
		14	0.6	−0.4	0.1	−0.8	−0.3	−0.8	−0.2	0.2	0.5	−0.6	0.5	0.8	0.9	1.0								
セキュリティ・セレクション	ロング・バイアス	15	0.4	0.0	0.2	0.0	−0.0	−0.1	0.3	−0.1	−0.0	0.5	0.2	−0.4	−0.1	−0.0	1.0							
		16	−0.[illegible]	0.1	0.1	−0.1	0.1	−0.1	0.5	0.0	−0.3	−0.7	0.5	0.0	0.2	−0.3	0.3	1.0						
	ノー・バイアス	17	0.4	0.1	0.1	−0.2	−0.1	−0.0	0.2	0.0	−0.1	−0.0	−0.3	0.4	0.2	0.1	0.0	0.1	1.0					
		18	0.2	0.4	0.2	0.2	0.0	0.5	0.5	−0.2	−0.3	−0.0	0.3	−0.3	−0.1	−0.5	0.4	0.3	0.1	1.0				
		19	0.6	−0.0	0.4	−0.3	−0.2	0.1	0.3	−0.1	0.2	−0.3	0.3	−0.1	0.2	0.8	0.5	0.4	0.3	0.2	1.0			
		20	0.2	−0.1	0.3	−0.1	0.0	0.4	0.2	0.2	−0.1	−0.4	0.4	0.5	0.1	−0.0	0.5	0.1	0.1	0.1	0.3	1.0		
	ショート・バイアス	21	−0.5	−0.0	−0.2	0.1	0.2	0.0	−0.3	0.1	−0.2	0.3	−0.3	0.1	−0.3	−0.7	−0.5	−0.3	0.0	−0.4	−0.8	−0.0	1.0	
		22	−0.5	−0.2	−0.3	0.2	0.2	0.1	−0.4	0.0	−0.0	0.4	−0.2	0.1	−0.2	−0.6	−0.5	−0.2	−0.1	−0.4	−0.5	−0.3	0.8	1.0

出所：FRM社

⑵ 効率運用の阻害要因

一般的に、ポートフォリオの運用効率の向上を阻害する要因として、“クローゼットインデックス化”、“ミスフィットリスク”、“スタイルドリフト”の三つの要因が指摘されている（図表２－41参照）。

ポートフォリオを構成するマネージャーの要件は、高い運用効率と他のマネージャーとの低相関性にあるが、低相関であっても運用効率が低下するとポートフォリオのインデックス化（クローゼットインデックス化）を、運用効率は高くてもマネージャー間の相関が高まればポートフォリオのリスクの上昇（ミスフィットリスク）を招くことになる。また、マネージャーのスタイルドリフトは、ポートフォリオのクローゼットインデックス化やミスフィットリスクを招きかねないことから、このような事態に陥らないよう継続的にモニタリングを実施していくことになる。

そうしたなかで、運用効率の低下がみられた場合、伝統的資産のリターンは、マネージャーのスキルから生じる“スキルリターン”よりも“リスクプレミアムリターン”のほうが大きいことから、スタイルに一貫性があり、ベ

［図表２－41］　運用効率の向上を阻害する三つの要因

【1】意図せざるスタイルリスク（＝ミスフィットリスク）
【2】過度なスタイル分散による擬似（クローゼット）インデックス化
【3】基金の意図に反した運用機関のスタイルドリフト

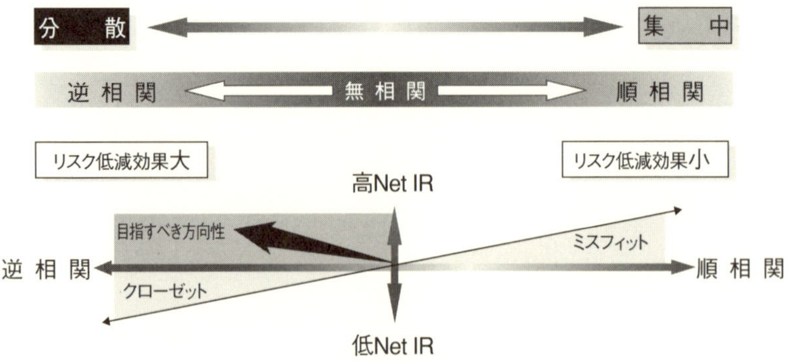

ンチマークに対する超過リターンを獲得していて、かつ他のマネージャーのリターンと低相関であるようなアクティブマネージャーや、マネージャー間のスタイル分散を高める目的でスタイルインデックスを導入することによって運用効率を改善することができる。

しかし、ヘッジファンドのリターンは、マネージャーのスキルから生じるスキルリターンのみであることから、マネージャーのスキルを比較、選定、組み合わせる専門能力が必要となる。ヘッジファンドをスタイルピックできる専門能力をもつ投資家もいようが、費用対効果を考えると、マネージャーの選定からファンドの組成、モニタリングといったヘッジファンド投資のPLAN-DO-SEEという全体プロセスをアウトソーシングできるファンド・オブ・ファンズを利用するほうが現実的な問題解決手段であろう。

(3) ファンド・オブ・ファンズの費用対効果

ここでは、コストという観点でヘッジファンドのスクリーニングプロセスをアウトソーシングすることを検討する。まず、ヘッジファンド投資にあたり、最低限必要なマネージャー数を見積もると、一定の運用効率を確保するには少なくとも15〜20社程度のマネージャーが必要とされている（図表2－42参照）。

[図表2－42]　組入ファンド数とポートフォリオのシャープ・レシオの関係
（1995年〜2001年9月における年率換算値）

	1社	5社	10社	15社	20社	30社	40社
全　体	0.4	0.5	0.9	1.0	1.0	1.1	1.1
債券アービトラージ	0.5	0.8	1.0				
ディストレスト	0.7	1.2	1.3	1.3			
ロング・バイアス	0.5	0.8	0.9	0.9	0.9	0.9	0.9
マクロ	0.1	0.3	0.3	0.4	0.4	0.4	0.4
マーケット・ニュートラル	0.7	1.3	1.6	1.8	1.9		
買収合併裁定	0.8	1.1	1.3	1.4	1.4		

出所：Morgan Stanley Quantitative Strategies. Hedge Fund Strategy and Portfolio Insights（Dec2001）Morgan Stanley より抜粋。

次に、20社のヘッジファンドマネージャーを、200社のユニバースから絞り込むと想定すると、デュー・ディリジェンス（詳細調査）にかかわるコストは年間約200万ドル（1ドル＝130円として約2億6,000万円）との報告がある。ヘッジファンドのフィーは、マネジメント・フィーとパフォーマンス・フィーで構成されているが、一般に、投資家はトータルで年平均2.4％程度の報酬を支払っているとされていることから、デュー・ディリジェンスにかかわるコストを平均報酬率で除した金額、つまり約8,000万ドル（約100億円）がヘッジファンド投資をアウトソーシングするか否かの分岐点になるとされている（UBSウォーバーグ社『In Search of Alpha』（Oct 2000）からの引用）。

つまり、投資金額が100億円以上ならば投資家が独自にスタイルピックをしてもコスト面でのメリットがあるが、投資金額が100億円未満ならば、ファンド・オブ・ファンズを活用するなどしてヘッジファンド投資のスクリーニングプロセスをアウトソーシングするメリットのほうが大きいということになる。もちろん、これは投資家自らがヘッジファンドのデュー・ディリジェンスを行うケースを想定しての試算である。また、ここでは20社のヘッジファンドマネージャーを選定するのに200社のユニバースからの絞込みを想定したが、実際にはヘッジファンド業界には6,000～7,000社ものマネージャーが存在しており（なお、2001年においては月間100社ものマネージャーが誕生したといわれている）、そうしたなかから業界のわずか2％程度とされているトップランクのヘッジファンドマネージャーを探し出すことは非常にハードルが高く、さらに、欧米のヘッジファンドマネージャーと意思疎通が問題なく行え、最適なポートフォリオの構築を図るには相当な困難が待ち受けていることは想像にかたくない。

(4) リスク管理の巧拙

図表2－43は、横軸が過去12カ月間で下ぶれリスクの小さかったランクに基づいてヘッジファンドマネージャーを左（優秀なほう）から1、2、3、4グループに分類し、さらに、縦軸は、それぞれのグループが12カ月後に1、2、3、4のどのグループに属していたかという確率を表している。過

[図表2－43]　ヘッジファンドマネージャーのリスク管理の巧拙

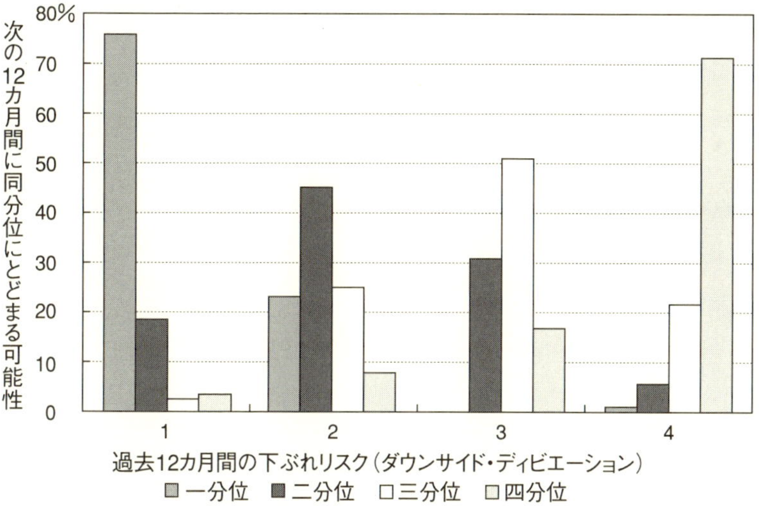

出所：FRM社、算出期間は1999年4月～2000年12月。

去12カ月間の下ぶれリスクの小さい1グループに属するマネージャーの76%ものマネージャーは12カ月後も1グループに属していることがわかる。逆に、4グループに属するマネージャーの72%は12カ月後も4グループに属している。つまり、優秀なリスク管理もさることながら、劣ったリスク管理も繰り返されるということを示唆している。

ヘッジファンドマネージャーの場合も、伝統的資産マネージャーと同様に、過去のリターンが将来のリターンを予想するうえでの材料にはならない。しかし、過去のリスク管理技術の巧拙は将来のリスクに対するマネージャーの対応能力を示しうるものである。また、伝統的資産に対する市場感応度（マーケットエクスポージャー）やレバレッジの水準も一つのポイントになるが、基本的には、ヘッジファンドも伝統的資産と同じように“四つのP”（後記、第3章第3節3「運用機関選択（マネージャーセレクション）」参照）についての分析が必要で、そのためには、高度な専門能力が求められることになる。次項ではFRM社の事例に基づきヘッジファンドの投資プロセスを解説する。

9.　ヘッジファンドの投資プロセス

ヘッジファンドの投資プロセスは、個々のヘッジファンドマネージャーのデュー・ディリジェンス（詳細調査）がメインになる。そうした詳細調査を実施するにあたり、まずは組織や調査体制といったインフラが重要であることはいうまでもない。FRM社では、ニューヨークに3名、ロンドンに19名、東京に1名と業界トップクラスの23名のアナリスト部隊を擁している。そのうち、個別ファンドの評価やモニタリングを実施する定性評価担当に13名、統計分析裁定取引やシステム運用マネージャーが利用する運用モデルを再構築してパフォーマンスを検証する定量評価担当に3名、バック・オフィスのメンバーに対する面接、基準価格算出プロセス、資産保全や事務執行能力を評価するオペレーショナル・リスクの分析担当に3名を配置するといった調査体制を敷いている（図表2－44参照）。

多くのゲートキーパーがアナリスト部隊を増強しているが、弁護士や会計士出身のアナリストが配置されるケースも少なくない。ヘッジファンドは、

[図表2－44]　FRM社の組織、調査体制

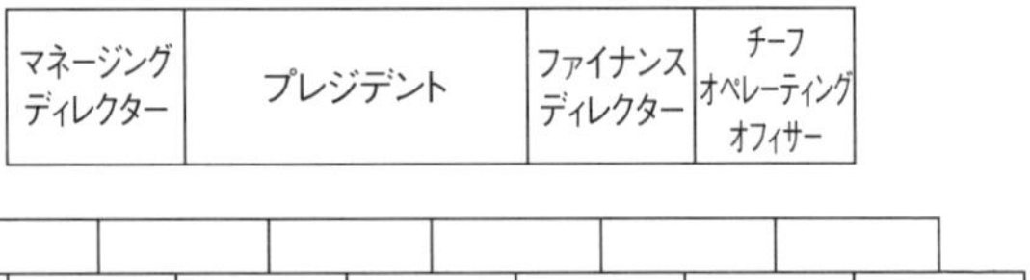

従業員数	調査部	クライアントサービス	データ	IT	オペレーション	法務	総務・人事	計
ロンドン	19名	16名	9名	9名	9名	3名	3名	68名
ニューヨーク	3名			1名				4名
東京	1名	5名		1名			1名	8名
シドニー		1名						1名
計	23名	22名	9名	11名	9名	3名	4名	81名

出所：FRM社（2002年2月現在）

従来に比べてファンドの透明性は高まってきているものの、いまだ、自分のことを理解してくれるアナリストにのみポジションを明かすといったマネージャーも多い。そうした状況下で、ヘッジファンドの実態をつかむためには、アナリスト自身もブローカー・投資銀行・伝統的資産マネージャー・ヘッジファンドマネージャーといった資産運用業界出身者であることが望ましく、そうでないと、ヘッジファンドの多様で複雑なポジションを解明することはむずかしい。したがって、アナリストの陣容のみならず、役割や機能、そしてアナリスト自身の経歴といったものもポイントで、それが、ゲートキーパーのクォリティを左右することになる。

(1) データベース・マネジメント（ステップ1）

ゲートキーパーによるヘッジファンドのマネージャーセレクションは、伝

［図表2－45］ マネージャーセレクション・プロセス

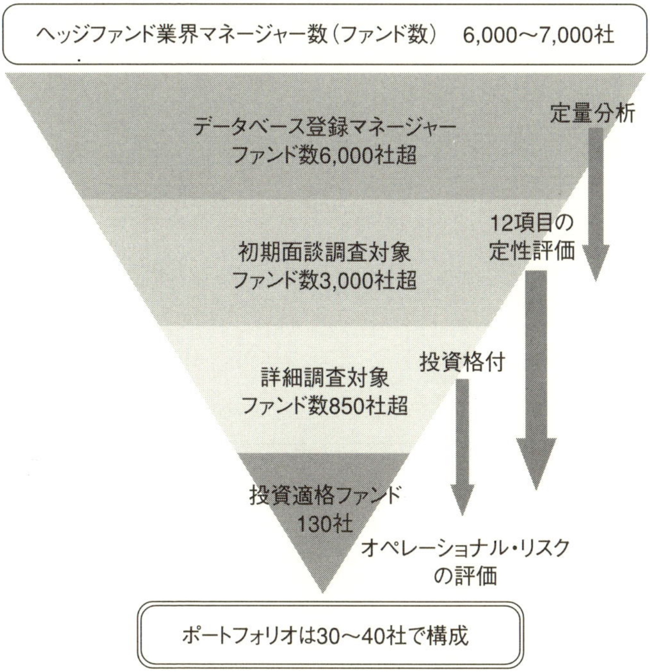

出所：FRM社

統的資産においてスポンサーや年金コンサルティング会社が行うのと同じように、定量プロセスと定性プロセスから構成されている。ヘッジファンドはマネージャーのスキルによるところが大きく伝統的資産にはない特有のリスクが存在するので、マネージャーセレクションに際しては伝統的資産以上の専門性が求められることになるが、ヘッジファンド業界には6,000～7,000社ものマネージャーが存在することから、定量スクリーニングプロセスからスタートするのが一般的である（図表2－45参照）。

ゲートキーパーのクォリティは、アナリストの調査能力にほかならないが、いかに大勢のアナリストを抱えていようともヘッジファンド業界全体をカバーすることは不可能なことから、デュー・ディリジェンスのための訪問先を事前に選定することになる。その際、一定の条件を満たすヘッジファンドマネージャーをデータベースから抽出するプロセスを経るが、単にリターンのよいマネージャーから順にスクリーニングするという方法ではなく、先にあげた、「過去のリターンは将来のリターンを予想するうえでの材料にはならないが、一方で、過去のリスク管理技術の巧拙は、将来のリスクに対す

［図表2－46］　ヘッジファンドマネージャーのスクリーニング

『定量分析』によるスクリーニング（定性訪問先の選択）

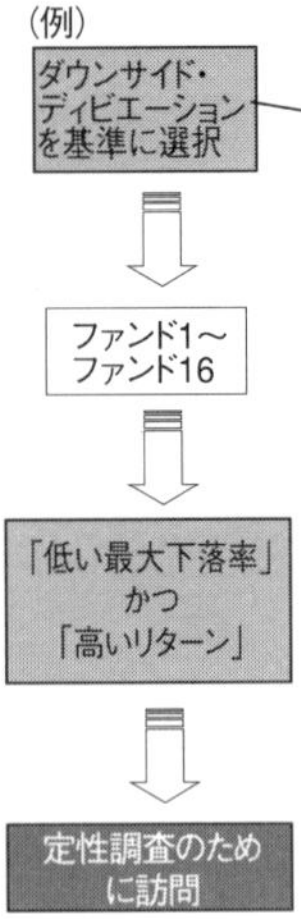

総ファンド数：120	リターン		標準偏差		ダウンサイド・ディビエーション		シャープ・レシオ		最大下落率		相関係数	
2000年11月～2001年10月	平均 9.66%	順位	平均 8.19%	順位	平均 5.11%	順位	平均 0.88	順位	平均 −3.58%	順位	平均 −0.07	順位
ファンド1	23.41%	11	4.24%	27	0.45%	1	4.34	2	0.00%	1	−0.73	24
ファンド2	22.93%	15	4.17%	25	0.46%	2	4.30	4	0.00%	1	−0.68	29
ファンド3	22.93%	14	4.17%	28	0.46%	3	4.30	3	0.00%	1	−0.68	30
ファンド4	23.84%	8	4.56%	43	0.52%	4	4.13	5	−0.05%	5	−0.72	27
ファンド5	23.75%	10	4.56%	44	0.53%	5	4.10	6	−0.05%	6	−0.73	25
ファンド6	23.75%	9	4.57%	45	0.53%	5	4.10	7	−0.05%	6	−0.76	26
ファンド7	13.02%	53	2.87%	12	0.54%	7	2.79	11	−0.17%	8	0.23	81
ファンド8	18.82%	21	3.94%	24	0.89%	8	3.51	8	−0.47%	11	0.17	67
ファンド9	18.73%	22	4.93%	57	0.97%	9	2.78	12	−0.60%	12	0.47	108
ファンド10	17.91%	23	4.79%	51	1.07%	10	2.69	13	−0.68%	13	0.36	88
ファンド11	17.01%	29	4.86%	53	1.07%	11	2.47	19	−0.64%	14	0.37	90
ファンド12	16.92%	30	4.85%	52	1.07%	12	2.45	21	−0.68%	16	0.38	92
ファンド13	17.30%	29	4.88%	54	1.09%	13	2.52	16	−0.65%	17	0.37	91
ファンド14	17.21%	27	4.88%	55	1.09%	14	2.50	17	−0.65%	18	0.37	89
ファンド15	20.13%	19	4.40%	38	1.19%	15	3.44	9	−0.66%	19	0.36	87
ファンド16	17.20%	28	4.90%	55	1.20%	16	2.49	18	−0.78%	21	0.38	93
ファンド17	13.98%	41	4.71%	47	1.21%	17	1.91	26	−0.44%	9	−0.31	49
ファンド18	13.99%	40	4.71%	48	1.21%	18	1.91	25	−0.44%	10	−0.31	48
ファンド19	11.19%	62	3.18%	14	1.25%	19	1.95	24	−1.00%	27	0.32	85
ファンド20	2.62%	93	1.77%	3	1.56%	22	−1.35	119	−1.00%	25	0.78	123
ファンド21	2.72%	92	1.80%	5	1.56%	22	−1.28	118	−1.00%	26	0.78	122
ファンド22	2.11%	96	1.74%	2	1.64%	24	−1.67	123	−0.81%	24	0.86	128
ファンド23	7.17%	78	2.39%	8	1.65%	25	0.90	54	−0.81%	22	0.11	63
ファンド24	2.19%	84	1.83%	6	1.67%	26	−1.54	120	−1.28%	30	0.76	120
ファンド25	6.11%	83	3.48%	17	1.68%	27	0.32	84	−1.01%	54	0.18	70

出所：FRM社

るマネージャーの対応能力を示しうる」という考えに基づき、ヘッジファンドのリスク指標であるダウンサイド・ディビエーション等によるスクリーニングを行う（図表２－46参照）。

こうしたスクリーニングプロセスにおいて、ヘッジファンド業界のわずか２％といわれているトップランクのマネージャーを抽出するには、業界全体を包含するデータベースが必要で、裾野の広さはもちろんのことデータの鮮度や正確さが求められることになる。

データベース整備に関するゲートキーパーの考え方はさまざまで、自社でデータベースを構築する会社のほか、インターネット等で公開されている他社データをそのまま活用している会社もあるようだ。しかし、リアルタイムで時価を公表しているヘッジファンドは少なく、まずは速報値が報告され、その後確定値に塗り変えられることが一般的な業務フローであることから、公開されているデータベースが正しい時価を反映していないケースもあり、それに基づきマネージャーセレクションが行われるとなると選定されたファンドはクォリティという点で不安が残る。

したがって、ゲートキーパーのなかには、データベースのクォリティを維持するためにデータメンテにかかわる専門職員や、膨大なデータを処理するシステム保守のためにインフォメーション・テクノロジー（IT）担当の専門職員を配置している会社もある。

⑵　デュー・ディリジェンス（ステップ２）

訪問先が選定されると、アナリストによるデュー・ディリジェンスを実施するが、アナリストの陣容とクォリティはゲートキーパーの生命線で各社が最も注力している分野である。ヘッジファンドマネージャーの９割は米国を拠点にしていることから、ゲートキーパーも米国を中心にアナリストを配置しているが、近年、ヨーロッパやアジア地域を拠点とするヘッジファンドが創設されるようになってきた動きを受けて各社とも体制整備を急いでいる。

デュー・ディリジェンスはヘッジファンドマネージャーの定性評価が中心となるが、リターンが再現可能なモデルを使ったクォンツタイプの投資戦略の場合は、ヘッジファンドのクォンツモデルを再現し、モデルのリターンと実際のリターンを比較することによって分析を行うといった計量分析も重要で、そうした分析を専門に行うアナリストを配置する必要がある。さらに、ポートフォリオのリスク分析や、ヘッジファンドと取引を執行するプライム・ブローカー、そして、投資家に基準価格等を報告するアドミニストレーターの3者間に潜むオペレーショナル・リスクの分析も重要で、そうした分析を専門に行うアナリストを配置しておくことが望ましい。

次に、デュー・ディリジェンスのポイントについて解説するが、大きく分けて、組織・運用・優位性の三つがチェックポイントで、それに加えて、オペレーショナル・リスクを考慮することになる。

a. 「組織」の見方

組織についての第一のチェックポイントは、運用担当者の能力の見極めで、過去どのような運用経験があり、ヘッジファンドの運用スキルをどこで習得したかということである。

第二のチェックポイントは、運用組織に関するもので、運用者が株主として、しっかり運用会社の経営にコミットしているかどうかという点である。また、調査セクションは運用会社のプロフィットセンターとして、バックオフィスはポジション把握やファンド評価といったインフラ面において、将来のビジネス拡大とのベクトルが合っているかどうかをチェックする。

第三のチェックポイントは、運用成績が良好なために運用適正額を超えて運用資産額が増加するリスクで、それは、期待収益率の低下による投資対象の変更といったファンドのクォリティ劣化やスタイルドリフトの原因になる。また、運用資産が順調に積み上がることで、ヘッジファンド事業が成功し、パフォーマンス・フィーを追求せずともマネジメント・フィーで十分な収益を獲得でき、ファンドマネージャーとしてのモチベーションが低下するといったケースもある（図表2－47参照）。

運用資産額の増加は、必ずしもヘッジファンドの運用効率の低下につながるものではないが、債券アービトラージ、マーケット・ニュートラルや買収

［図表２－47］　ファンドの規模・運用年数とシャープ・レシオの関係
（1996年～2001年９月における年率換算値）

ファンド規模とシャープ・レシオの関係	25百万ドル未満	25百万ドル以上～200百万ドル未満	200百万ドル以上
債券アービトラージ	1.30	0.70	0.00
ディストレスト	0.40	0.80	1.50
ロング・バイアス	0.90	1.00	0.80
マクロ	0.40	0.30	0.40
マーケット・ニュートラル	1.10	2.10	0.20
買収合併裁定	0.60	1.30	0.70

ファンドの運用年数とシャープ・レシオの関係	１年未満	１年以上～２年未満	２年以上～３年未満	３年以上～５年未満	５年以上～
債券アービトラージ	2.50	0.80	0.80	0.10	—
ディストレスト	1.50	—	—	0.90	1.10
ロング・バイアス	1.90	1.30	1.30	0.70	0.70
マクロ	1.10	0.30	0.40	0.80	0.30
マーケット・ニュートラル	2.30	1.80	1.00	2.40	1.50
買収合併裁定	2.00	1.10	1.80	1.10	0.90

出所：Morgan Stanley Quantitative Strategies. Hedge Fund Strategy and Portfolio Insights（Dec2001）Morgan Stanleyより抜粋。

合併裁定取引といった、有価証券間のスプレッド（価格差）を大きなレバレッジで取りにいく裁定取引では、運用資産額の増加が運用効率の低下につながる可能性が高い。一方、ロング・バイアス、グローバル・マクロといった投資戦略は運用資産額の増減による影響は限定的である。逆に、ディストレスト・セキュリティーズは運用資産額の増加が運用効率の向上につながるという結果になっている。しかし、これを運用年数と運用効率という関係でみてみると、多くの戦略にとって、運用年数の経過は運用技術の普遍化や運用資産額の増加による運用効率の低下を招くようで、つまり、運用資産額がどのような時間軸のなかで増加しているかという点がポイントになる（図表２－48参照）。

[図表2－48]　ヘッジファンドの資産額の増加や運用年数の運用効率への影響

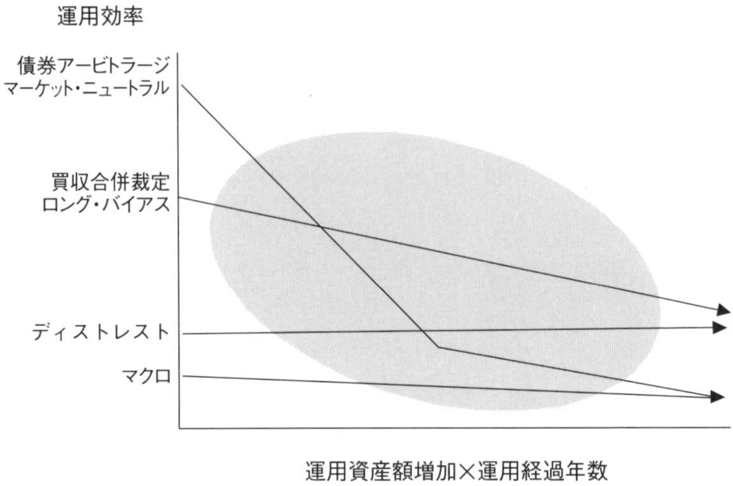

最後のチェックポイントは、運用者に報酬面でのインセンティブが付与されているかということである。大手運用機関や投資銀行におけるヘッジファンドセクションの運用担当者の退社・独立志向が強い理由の一つに報酬問題があげられているが、ヘッジファンドにおいても運用担当者が株主ではなく十分な報酬を享受できていない場合は転職（退社）リスクがあり要注意である。なお、そうした運用担当者が退社した場合は、その時点で、ヘッジファンドの過去の実績はトラックレコードとしての意味を失うことになる。

組織については、①運用担当者の能力、②運用組織、③運用資産額、④インセンティブの四つがポイントとしてあげられる。

b.「運用」の見方

まず、第一のチェックポイントは、投資戦略の収益性である。投資哲学や投資方針のチェックに加え、ヘッジファンドマネージャーの収益源泉を明らかにする。また、当該戦略が市場環境にフィットしているのか、そうでないかを分析することによって、足元のリターンを把握する。

第二のポイントは、投資戦略のリスクがどこにあるかを明らかにすることである。たとえば、レラティブ・バリューは、ポジションをニュートラルとしたうえで有価証券間の価格差の拡大・縮小を収益源泉とする戦略であるが、スプレッドの縮小に対してレバレッジ比率を引き上げていないか、ポジション（特に、資金を支出している買持ちポジション）の流動性に懸念はないか、企業業績の悪化を受けてスプレッドがねらっている方向とは逆に拡大していないかといった点がチェックポイントとなる。また、個別銘柄のロング・ショートを収益源泉とするセキュリティ・セレクションの場合は、個別銘柄選択が効力を失う市場環境、つまり、企業収益に基づく成長性や割安度といった観点で株価が形成されない需給相場といった環境下にないかどうかがチェックポイントとなる。

第三のポイントは、ポジション構築のプロセスである。まずは、投資対象が、ボトムアップ判断の積上げによるものか、トップダウン判断によるものかという銘柄選択プロセスを把握することである。市場感応度がある場合は別であるが、そうでないノー・バイアス、つまりマーケット・ニュートラル戦略の場合は、個別銘柄選択力が鍵でボトムアップ判断の積上げが重要である。そうしたケースにおいては、トップダウン判断による銘柄選択がなされていないかどうかがチェックポイントとなる。

次に、買持ち銘柄と売持ち銘柄がどういったプロセスで構築されているかということで、たとえば、投資テーマに沿ったものなのか、業種判断によるものか、または割高割安判断によるものかということを明らかにする。

そして、特に、セキュリティ・セレクション戦略に関しては、買持ち、および売持ちといったポジションのサイズをどのように決定したかということがある。たとえば、収益追求を重視したのか、ポートフォリオのリスクコントロールを重視したのか、それともポジションの流動性を重視したのか、ということを明らかにする。

また、投資タイミングをどのように決定したかということも重要で、たとえば、市場動向（モメンタム）を重視したのか、企業の担当者へのヒアリングに基づいてポジションを構築したのか、または決算発表を控えてポジションを構築したのかといったことを明らかにする。

第四のポイントは、ポートフォリオ構築のプロセスであるが、これがヘッジファンドリターンの源泉であり、リスクファクターでもあることからマネージャーごとにルールや基準を明確化する必要がある。たとえば、米国株のヘルスケアーセクター（薬品株・医療サービス）を投資対象とするヘッジファンドのケースを紹介すると、「ヘルスケアーセクターの数百銘柄のなかから業績・バリュエーション（割安度）でスクリーニングした会社への訪問調査を行い、銘柄評価に基づきロングとショートの銘柄を選定し、株価が業績動向から割高もしくは割安だと定性判断された時点で投資を行う。個別銘柄のポートフォリオ全体に占める上限は２～３％に抑え、銘柄分散によりリスク低下を目指している。投資対象が少ない場合は、現金の保有比率を引き上げ、自信のないロング・ショートポジションは保有しない」というものである。また、ロングとショートの保有上限比率をどのように設定しているのか、ロングとショートの保有比率はどのような要因およびプロセスで変更されるのかといった点を明らかにする。

運用についての最後のポイントは、リスク管理プロセスの確認で、単一のポジションの最大損失率に対するマネージャーの許容度、ロスカットルールの有無、および市場暴落（暴騰）時における具体的なヘッジ方法について調査することになる。

なお、ロスカットルールについての最近の話題としては、株式市場のボラティリティが上昇するなかで、厳格にリスク管理を行っているヘッジファンドマネージャーほどロスカット基準に抵触しやすく損切りを繰り返すという事態が発生していて、あまり良好な結果を残せないでいる。これはヘッジファンドの戦略やマネージャーの性格を判断するうえでの一つの象徴的な事例といえる。

このように運用については、①投資戦略の収益性、②投資戦略のリスク、③ポジション選定プロセス、④ポートフォリオ構築プロセス、および⑤リスク管理プロセスの五つがポイントとしてあげられる。

c. 「優位性」の見方

第一のポイントは、情報開示度（透明性）であり、まずは、投資戦略・ポジション選定・ポートフォリオ構築・リスク管理といった一連の投資プロセスの開示を要請する。次に、ロング・ショートの保有比率、ロング・ショートのポジション数、ポートフォリオの流動性、および市場感応度についての開示を求める。そして、最後に、約定報告と資金決済、ポジションの照合、時価評価方法、ファンドの時価総額報告、監査のプロセスといった、バック・オフィス、アドミニストレーター、およびプライム・ブローカーといった、売買発注にかかわる関係者間におけるオペレーション業務のプロセスの開示を求める。

一般にLTCM社がそうであったように、ポートフォリオをコピーされることによるパフォーマンスの低下や、追加説明等のコスト負荷を嫌気して、個別銘柄の全情報の開示に前向きでないヘッジファンドマネージャーが存在する。ゲートキーパーのなかには、ヘッジファンドマネージャーに銘柄レベルに至るまで個別銘柄の全情報の開示を求めるところがある一方で（全情報が開示されればそれに越したことはないが）、リスク特性の把握がキーポイントと考えているゲートキーパーは、必ずしも全情報の開示は求めていない。ヘッジファンドマネージャーは自分の投資戦略・リスク管理を理解できるゲートキーパーにはより詳しい情報開示を提供する傾向があることから、そうした場合は運用経験のあるアナリストを配置するなどしてポートフォリオのリスク特性の把握に努めている。

「ヘッジファンドの情報開示は不十分」との指摘に対して、本年3月22日付日経金融新聞で、英国の大手資産運用会社、ガートモア・インベストメント・マネジメントのヘッジファンド部門責任者のマーティン・フィップス氏は、『業界全体を見渡せば、改善する余地はあるものの、定期的にある程度の情報を開示しているファンドは多い。われわれは毎週ファンドの運用成績に加え、買い銘柄のうち金額の多い5銘柄を開示している。ただ、空売りの対象銘柄や金額は市場に手の内を明らかにしたくないので公表しない。また毎月、運用担当者のコメント、業種別や国別の持ち高などのより詳しい情報を開示している』とコメントしているが、透明性やタイムリーな報告を重視するようになれば伝統的資産に対するヘッジファンドの優位性が失われてしまうといった“ヘッジファンド主義”的な考え方が根本にあることも確かである。

[図表2－49] ヘッジファンド投資にあたっての関心事

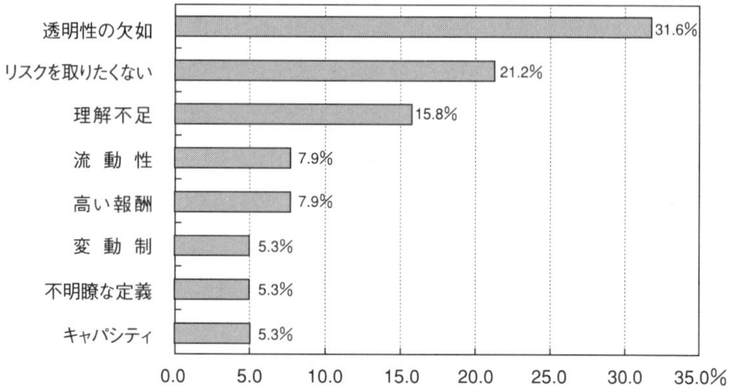

出所：BARRA Strategic Consulting Group FOHF market survey

[図表2－50] ヘッジファンドのデュー・ディリジェンス（詳細調査）項目

大項目	小 項 目	概　　要
組　織	①運用担当者の能力	過去の運用実績、運用スキル、評判
	②運用組織	調査部、ミドルオフィス、バックオフィス
	③運用資産額	資産総額、投資家構成
	④インセンティブ	報酬支払い方針
運　用	⑤投資戦略の収益性	投資方針、リターンの源泉、投資戦略の有効性
	⑥投資戦略のリスク	投資戦略のリスク要因、投資戦略のリスク度
	⑦ポジション構築のプロセス	ポジション構築の要因、投資タイミング決定の要因
	⑧ポートフォリオ構築のプロセス	トップダウン・ボトムアップ、ロング・ショート比率
	⑨リスク管理	市場暴落（暴騰）に対するヘッジ戦略
優位性	⑩情報開示度	投資プロセスの開示、リスク要因の開示
	⑪投資スキル	同一投資戦略内の他ファンドに対する優位性
	⑫パフォーマンス	同一投資戦略内のランキング

出所：FRM 社

情報開示は重要であるが、それだけがヘッジファンドのクォリティを決定づけるものではなく、むしろ、投資家の透明性に対する関心の高さからクォリティの低いヘッジファンドマネージャーほど情報開示姿勢が強いというケースもあるようである（図表２－49参照）。

第二のポイントは、投資スキルについてであり、ピアグループと呼ばれる同一投資戦略ファンドに対する当該ファンドの投資スキルの優位性と、そうした優位性を維持できる要因が何であるかを調査することである。

そして、最後のポイントがパフォーマンスであるが、定性プロセスに入る前に、定量プロセスのスクリーニングを経ているため、ここでは、同一投資戦略ファンド内におけるランキングが重視される。

以上、優位性については、①情報開示度、②投資スキル、③パフォーマンスがポイントとしてあげられる。

これまで、デュー・ディリジェンスのポイントを紹介してきたが、定性プロセスをまとめると、図表２－50のとおりとなる。

⑶　投資格付の付与（ステップ３）

FRM社では個々のヘッジファンドについて、アナリストはヘッジファンドマネージャーとの面談調査を経たうえで、図表２－50にある組織・運用・優位性にかかわる12の項目について評価を下し、その結果を＋１、０、および△１の３段階で表示する。そして、そうした評価の総合点が、個々のヘッジファンドの投資格付となる（図表２－51参照）。

［図表２－51］　アナリストの総得点と投資格付との関係

総得点	投資格付	
０以下	C	投資不適格
１～３	B	
４～６	A	
７～９	AA	投資適格
10以上	AAA	

出所：FRM社

こうした投資格付は、アナリストが全員参加する投資適格ファンド選定委員会で毎月見直しを行うが、AAA と AA に大きな差はなく、AAA は一つも△1を付与された項目がないことが条件で、違いがあるとすれば、それは組織の安定性であるとされている。

(4) オペレーショナル・リスクの重要性とその評価（ステップ4）

a. 定　義

AAA および AA にランクされたヘッジファンドマネージャーのみ、最後のオペレーショナル・リスクの評価プロセスに進むことになる。オペレーショナル・リスクとは、ヘッジファンド、ヘッジファンドの取引相手となるプライム・ブローカー、そして、プライム・ブローカーからの約定報告に基づき投資家にファンドの時価総額を報告するアドミニストレーターといったヘッジファンドの関係者間に内在する事務執行リスクのことで、詐欺や不正につながりうるものでもある。

ヘッジファンド業界における過去最大の詐欺事件は、1999年に発生したマクロ（戦略配分）マネージャーのプリンストン・エコノミック・インターナショナルによる詐欺事件で、損失規模は約9億5,000万ドルにのぼるものとされている。同年には、エクイティ・ロングショートマネージャーのマンハッタン・インベストメント・ファンドによる約4億ドルの損失も発生したが、近年でも、詐欺事件は散見されている（2000年は計3件、総額約1億ドルが確認されている）。いかに運用が首尾よくいっても、結局、投資財産を持ち逃げされたら元も子もなくなることからオペレーショナル・リスクの評価は重要で、FRM 社では投資適格ファンドであっても、調査対象関係者がオペレーショナル・リスクに関する情報開示を拒む場合は、投資不適格ファンドに格下げされる仕組みになっている。

b. 評価のポイント

さて、オペレーショナル・リスクの評価ポイントは、ヘッジファンド、プライム・ブローカー、およびアドミニストレーターといった関係者全員につ

[図表２－52]　オペレーショナル・リスクの定性評価

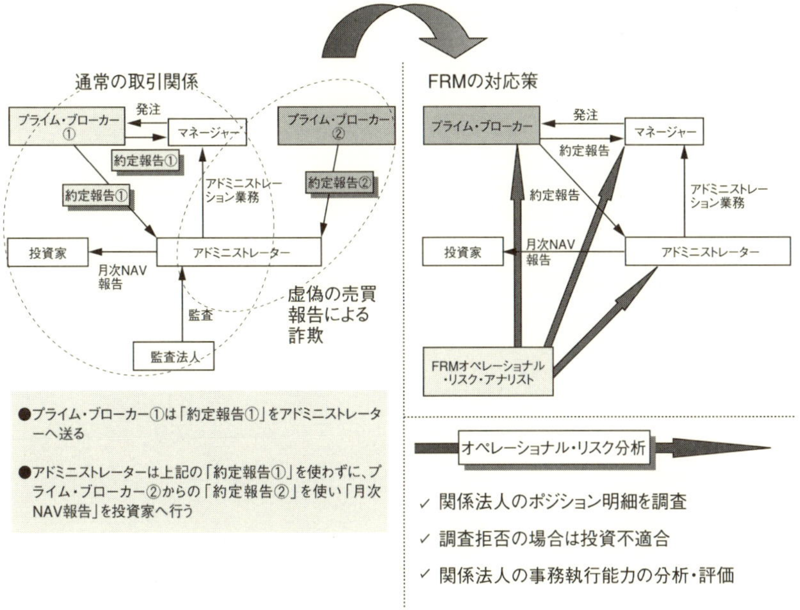

出所：FRM社

いて設定されている。

まず、ヘッジファンドに対しては、①フロント、ミドル、バック各部門の業務区分の明確性と独立性、②ミドル、バック部門の業務責任者の経歴、③プライム・ブローカーへの発注プロセスと約定照合プロセスが調査項目となっている。

次に、プライム・ブローカーについては、①キャッシュの入出金といったファンド管理体制、②ヘッジファンドマネージャーへ提供できるレバレッジの上限、③発注ミスや約定ミスの頻度があげられている。

最後に、アドミニストレーターについては、①プライム・ブローカー任命プロセスと任命責任者、②プライム・ブローカー契約の内容、③プライム・ブローカーとの約定照合プロセス、④プライム・ブローカーの気配値ではなく自社基準の時価評価をしているかどうかが調査項目となっている。

このような評価は、専任のオペレーショナルリスク・アナリストが、直接、関係者のオフィスに乗り込んで行われるが、ヘッジファンドマネージャーが情報開示に協力しない場合は、積極的に投資不適格ファンドの烙印を押すシステムになっている。これは、いわば監査法人の仕事であるが、最近のエンロン事件の一件をみるまでもなく、監査法人に対する不信感が急速に高まっているなかで、FRM社については自らが徹底して監査を行うことで不正を防止するという方針を打ち出している（図表２－52参照）。

c.　元本リスク回避のための“元本確保型商品”

ところで、オペレーショナル・リスクのうち「元本リスク」を回避する投資手法として、最近、高格付で証券価格がヘッジファンドのリターンに連動する“元本確保型商品”が注目されている。野村証券は金融派生商品（デリバティブ）を使って償還時の元本を確保しながら運用利回りが投資先のヘッジファンドの運用実績に連動するドル建て私募債を、大和証券はスイスのチューリッヒ保険グループが運用し、満期時の元本を保証するヘッジファンド型外国投信を販売するという記事が本年３月22日付日本経済新聞に掲載されている。こうした商品は、かつて国内でも販売された実績はあるものの、折しも、販売直後にLTCM社の破綻に見舞われたケースが多く、その後、下火になっていたものである。

ここでは、フランス最大手の投資銀行であるBNP（ビー・エヌ・ピー）パリバが発行する“元本確保型ファンド・オブ・ファンズ連動ユーロドル債”を取り上げてそのスキームを説明する。

BNPパリバ債（元本確保型ファンド・オブ・ファンズ連動ユーロドル債）の特徴は、BNPパリバが元本確保スキームを提供し、ヘッジファンドの運用をアウトソーシングしていることで、それによって運用の独立性と透明性を確保している点にある。もう一つの特徴は、ヘッジファンド運用についてはシングルファンドといった単一の戦略ではなく分散投資型のファンド・オブ・ファンズを採用している点で、そのマネージャーとしてFRM社が採用されている。

このような債券で、実質的に元本を保証するということは、対象となるフ

［図表２－53］　元本確保型ヘッジファンドプロダクトの取組状況

（金額単位：億円、１＄＝130円換算）

銀　行　名	2001年	累　計
BNP Paribas	1,950	5,200
Sociate Generale	1,950	5,200
Zurich Capital Markets	1,950	4,550
ABN AMRO	1,300	1,300
Lehman Brothers	1,040	1,300
CDC	1,040	2,600
Dresdner Kleinwort Wasserstein	650	650
CSFB	1,040	1,950
Bank of America	650	650
Commerzbank	520	585
JP Morgan	520	520
Bear Stearns	520	520
Deutsche Bank	455	455
Credit Agricole	390	390
Goldman	390	390
Credit Lyonaise	260	260
HSBC	234	234
Barclays	130	130
Royal Bank of Canada	130	130
合　計	15,340	27,040

出所：InvestHedge March 2002、掲載数値のうち金額の小さいほうを採用。

ァンド・オブ・ファンズに対する十分なデュー・ディリジェンスとスキーム全体のリスク評価能力が不可欠であるが、BNPパリバは、長年、こうした運用アウトソーシング型ヘッジファンドプロダクトを元本割れ回避ニーズの強い欧州市場を中心に販売してきた実績がある（図表２－53参照）。

元本確保スキームは、BNPパリバが債券発行によって得た資金の一部で割引債を購入することによって償還時の元本を確保しつつ、最新のオプション理論に基づき残りの資金をヘッジファンドに投資することによってヘッジファンドリターンと債券価格との連動性を確保するといったものである。債券価格のヘッジファンドリターンに対する連動率は、発行債券の通貨（ドル

［図表２－54］　元本確保型債券のスキーム概要と債券価格の推移イメージ

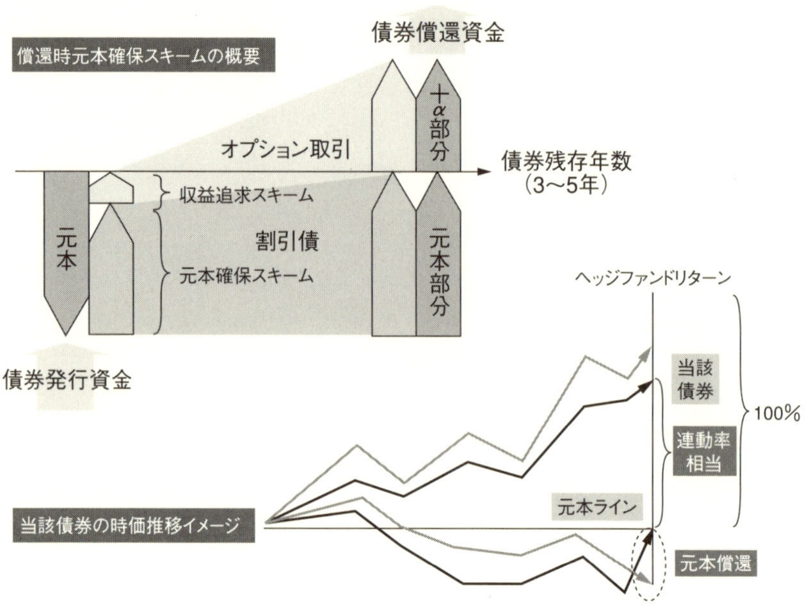

または円)、残存年数（任意)、および金利情勢等によって異なるが、2002年3月末現在、残存５年のユーロドル債で約70～80％の連動率となっている(図表２－54参照)。

このような債券とコールオプションを組み合わせた最新金融理論に基づくスキームは、債券とヘッジファンドに資金を配分するがヘッジファンドへの資金配分が少なく低リターンであったスキームを“第一世代”、債券とヘッジファンドのアロケーションを行うがそのプロセスがブラックボックスであったスキームを“第二世代”と呼ぶのに対して、“第三世代”のスキームと呼ばれているものである。ヘッジファンド投資のポイントは良きゲートキーパーの選定による徹底したデュー・ディリジェンスの実施といえるが、元本リスクに対する懸念が強い向きには、ヘッジファンドリターンを100％享受することはできないものの、こうした元本確保型商品も検討に値すると思われる。

［図表２－55］　マネージャーセレクションの効果

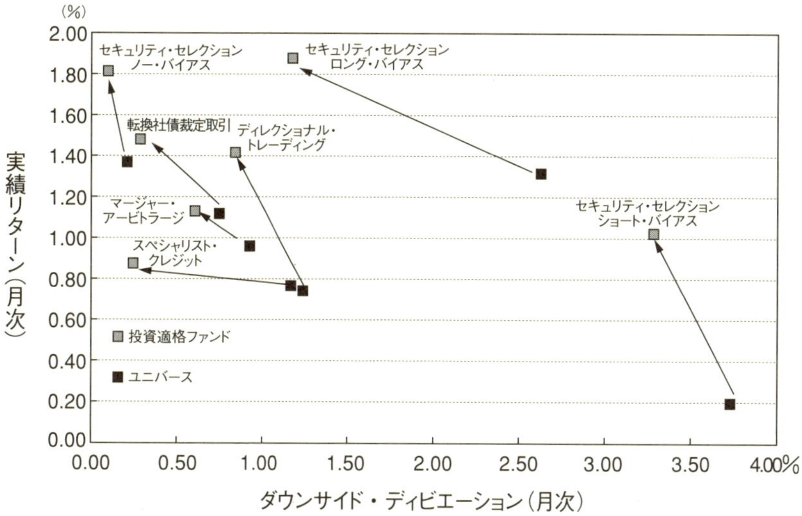

出所：FRM社（1998年１月～2001年10月）。

⑸　ポートフォリオの構築

デュー・ディリジェンスを経て抽出されたファンドは投資適格ファンドとして認識されるが、そうした、投資適格ファンドとデュー・ディリジェンス前の全ファンドとのリスク（ダウンサイド・ディビエーション）とリターンをスタイル別に比較してみると、投資適格ファンドの運用効率の高さ（ユニバースに比べて投資適格ファンドのほうがローリスク・ハイリターンということ）が確認できる（図表２－55参照）。

ゲートキーパーは、こうして選定された個々のヘッジファンドをボトムアップ的に30～40ファンドほど組み合わせることによってファンド・オブ・ファンズを組成するが、一方で、ファンドが特定の投資戦略に偏らないように、トップダウン的なスタイル配分にも配慮している。

具体的には、図表２－56のように、ポートフォリオのリスク水準に応じて、各運用スタイルの長期的な組入比率（モデル・ポートフォリオ）を設定しているのが一般的である。

[図表2—56]　タイプ別投資スタイル比率

運　用　目　標	低リスク型	中リスク型	高リスク型
リターン（年率）	1 M$LIBOR + 4 %～ 6 %	1 M$LIBOR + 6 %～ 8 %	1 M$LIBOR + 8 %～10%
リスク（年率）	5%以下	8%以下	10%以下
レラティブ・バリュー	44%	42%	35%
スペシャリスト・クレジット	15%	12%	5%
ディレクショナル・トレーディング	12%	16%	25%
セキュリティ・セレクション	29%	30%	35%

出所：FRM社

こうして、ファンド・オブ・ファンズが組成されるが、実際にモデル・ポートフォリオどおりにファンドを組成できないケースもある。その理由は、裁定取引を中心に運用資産の増加がヘッジファンドのリターン低下を招きかねないことから、ヘッジファンドは、一定程度の資産残高が積み上がるとファンドをクローズする傾向があるからである。つまり、投資格付が高いマネージャーほど投資したくても投資できないという事態が発生することになる。こうした事態に対し、ゲートキーパーは、資産運用業界出身のアナリストを配し、ヘッジファンドの投資戦略（リスク要因・リターン源泉）に対する理解を高め、ヘッジファンドマネージャーとのコミュニケーションを深めることによって新規資金の受入れをすでに中止しているマネージャーから、他の投資家の解約等によって空枠が生じた際に多くの投資枠を確保するよう努めている。

⑹　ポートフォリオのモニタリング

ここでは、ヘッジファンドの投資プロセスの、PLAN–DO–SEEのSEEにあたるモニタリングについて説明する。モニタリングは、デュー・ディリジェンス（詳細調査）項目の、組織、運用、および優位性について変化がないかを継続的にチェックしていくプロセスであるが、ここでも、デュー・ディリジェンス・プロセスと同じように定量評価からスタートする。それは、パ

［図表２－57］　過去のリターンのトレンドに基づくモニタリング事例

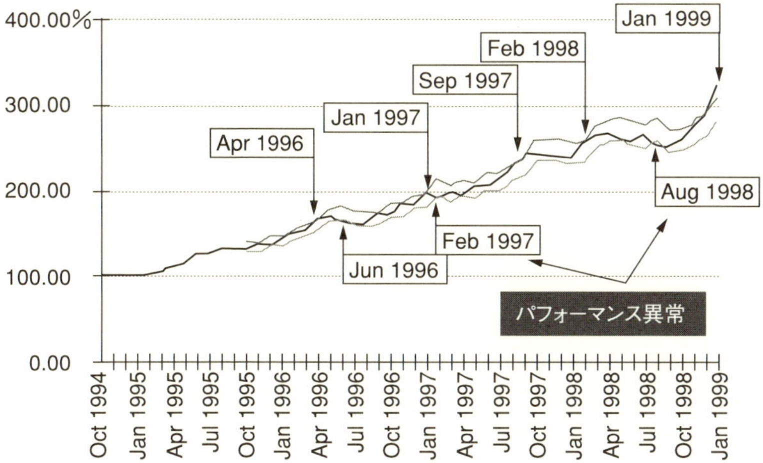

出所：FRM社

フォーマンス異常がないかをチェックすることで、異常かどうかは、次の三つの観点から判断する。

第一は、過去のリターンのトレンドからみて異常がないかどうかをチェックする。具体的には、ヘッジファンドの過去実績から求められる平均リターンに対して10％未満の確率で生じうるプラスリターンとマイナスリターンを算出し、実績リターンがそうした水準を超えていないかどうかをチェックすることになる。リターンが悪い場合はもちろんのこと、リターンが良すぎるのも、それがねらった収益源泉からくるものであれば問題ないが、主たる収益源泉のリターン低下に対してレバレッジを拡大したり、他の収益源泉にシフト（スタイルドリフト）するといったことで発生している可能性があるからである（図表２－57参照）。

第二は、伝統的資産のリターンとの関係からヘッジファンドリターンの異常値を探し出す方法で、伝統的資産とヘッジファンドの関係から求められるヘッジファンドの平均リターンに対して、10％未満の確率で生じうるプラスリターンとマイナスリターンを算出して相対チェックを行う（図表２－58参照）。

［図表２－58］　伝統的資産との回帰分析に基づくモニタリング事例

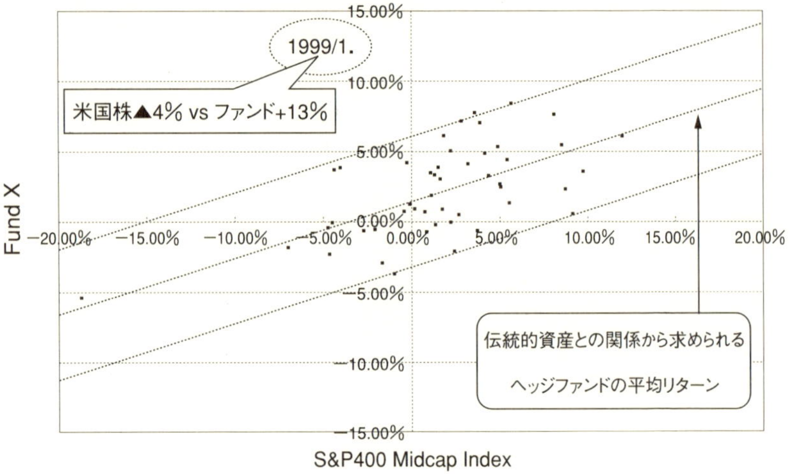

出所：FRM 社

［図表２－59］　ピアグループ比較に基づくモニタリング事例

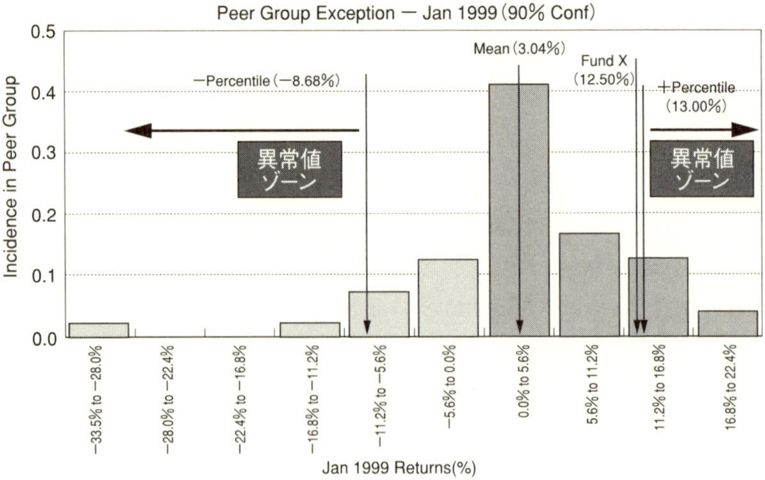

出所：FRM 社

第三は、同一の投資戦略（ピアグループ）との比較からヘッジファンドリターンの異常値を探し出す方法で、この場合も他の二つの方法と同様に10%未満の確率で生じうるプラスリターンとマイナスリターンを算出して相対チェックを行う（図表２－59参照）。

こうして、いずれのアプローチにおいてもパフォーマンスの異常が確認されなければ問題ないわけであるが、いずれか一つにでも抵触する場合は、アナリストによる定性評価の見直しを実施することになる。その際のチェック項目は、①投資スタイルの変更、②運用担当者の交代、③投資対象資産の変更、④ロング・ショート比率の大幅変更、⑤特定の銘柄やセクターへのポジション集中、⑥レバレッジの引上げ、⑦運用資産の急増や急減、⑧投資戦略の有効性の低下、⑨市場環境の変化といったものである。

アナリストによる調査の結果、パフォーマンス異常の原因に、このような項目が該当するようであれば、マネージャーの入替えも検討していくことになる。たとえばLTCM社の事例は、上記のうち売り買いのポジションで別々にとっていたリスクが顕在化したもので、レバレッジの引上げ、投資戦略の有効性の低下、市場環境の変化というポイントに該当するものであった。

⑺　ファンド・オブ・ファンズのリスク・リターン特性

最後に、ファンド・オブ・ファンズのリスク・リターン特性を紹介する。図表２－60は、2001年３月末以降の米国株式（S&P500）と、FRM社のローリスク型ファンド（アービトラージ）とミドルリスク型ファンド（ダイバーシファイド）の累積リターンを表している。米国株式（S&P500）は、いったんは上昇したものの、米国の景気後退懸念を受けて調整に転じ、2001年９月の米同時多発テロ後に急落したが、その後反転、足元では2001年３月水準（100近辺）まで回復してきている。そうしたなかで、ヘッジファンドのファンド・オブ・ファンズは、ベータコントロールの結果、伝統的資産の下落の影響をあまり受けず、比較的コンスタントにリターン（アルファ）を積み上げている様子が見て取れる（図表２－60参照）。

[図表2－60]　伝統的資産とヘッジファンドのリターン推移（2001年3月末＝100）

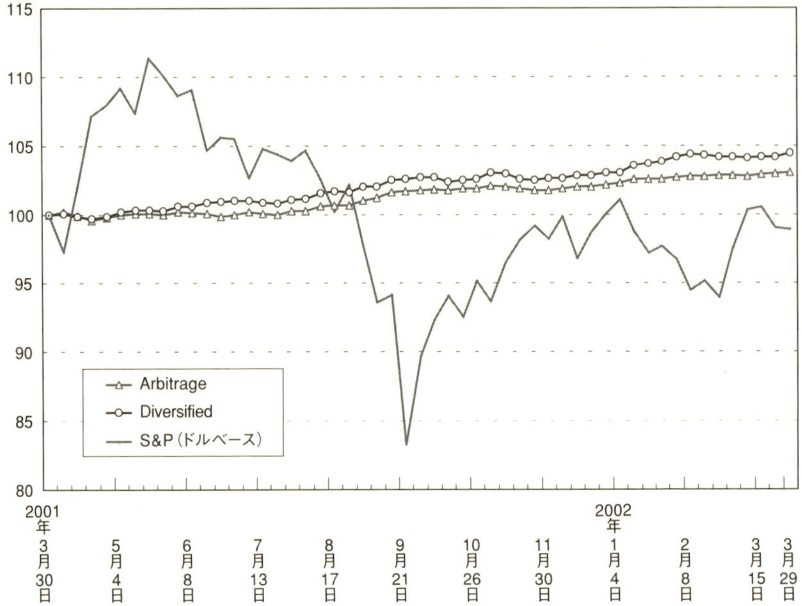

出所：FRM社

[図表2－61]　米国株式(S&P500)とヘッジファンドの相関係数の推移
(36カ月ローリング)

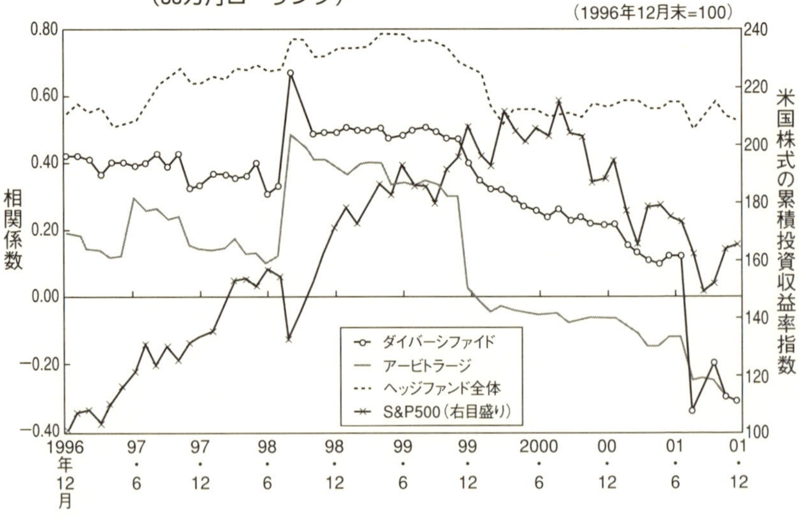

出所：FRM社

[図表２−62]　ファンド・オブ・ファンズの運用スタイル配分

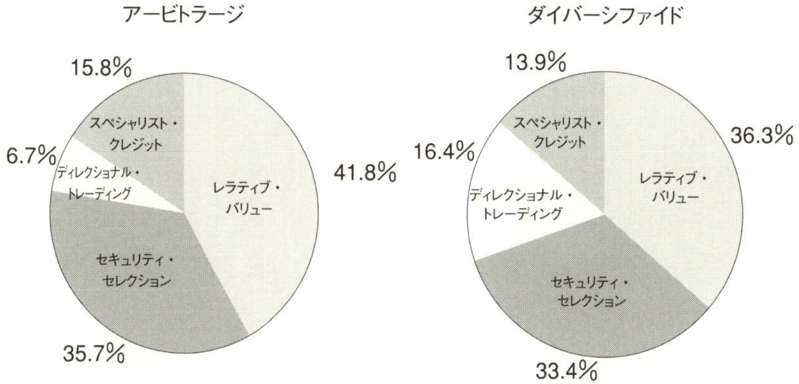

出所：FRM社

こうした結果は、ファンド・オブ・ファンズといった運用形態や、ゲートキーパーのマネージャーセレクション能力やポートフォリオ構築能力によるものである。ローリスク型ファンドおよびミドルリスク型ファンドの米国株式（S&P500）との相関関係はヘッジファンド全体と比べて低く、かつ米国株式（S&P500）がボックス圏に入り、その後下落局面に転じた1999年12月以降は従来に比べて低相関、さらには逆相関傾向を示している（図表２−61参照）。

なお、2001年12月時点のローリスク型ファンド（アービトラージ）とミドルリスク型ファンド（ダイバーシファイド）の投資戦略別の配分状況を示すと図表２−62のとおりとなっている。

第 3 章

年金基金における
オルタナティブ投資の活用法

第1節　年金基金を取り巻く環境

1.　米国年金基金におけるオルタナティブ投資への取組状況

本章において日本の年金基金におけるオルタナティブ投資の活用法について語る前に、まず米国の年金基金におけるオルタナティブ投資への取組状況について簡単に触れておきたい。というのは、エリサ法、確定拠出年金（401kプラン）といった制度面においても、運用先端商品であるオルタナティブ投資といった資産運用面においても、米国が世界を先導しており、日本の年金基金の動きはかなり忠実に米国をフォローしているからである。ただ、興味深い点としては、米国においてオルタナティブ投資の中心であるプライベート・エクイティ（未公開株ファンド）より先に、米国でもこれから本格的な取組みが始まろうとしているヘッジファンドが日本においてまず選好される状況になっていることである。これは世界的に株式市場が不安定な状況のなかで、相場の下ぶれに強いヘッジファンドの商品特性が現在の環境にフィットしているという要因が大きい。

(1)　プライベート・エクイティの高い伸び

米国年金基金においては、図表３－１にあるとおり、近年、伝統的資産に比べてオルタナティブ投資の増勢がみられ、なかでもプライベート・エクイティが高い伸びを示している。米国においてプライベート・エクイティが高い伸びを示したのには、二つの理由があると思われる。

まず米国株式の好調から年金基金のサープラス（余剰）が積み上がりリスク許容度が拡大したこと、次に図表３－２でわかるように米国株式（S&P500）以上のリターン獲得が期待できることからベンチャーキャピタルに代表されるプライベート・エクイティへの取組比率が上昇したことである。

［図表３－１］　米国年金市場におけるオルタナティブ投資への取組状況

（金額単位：10億ドル）

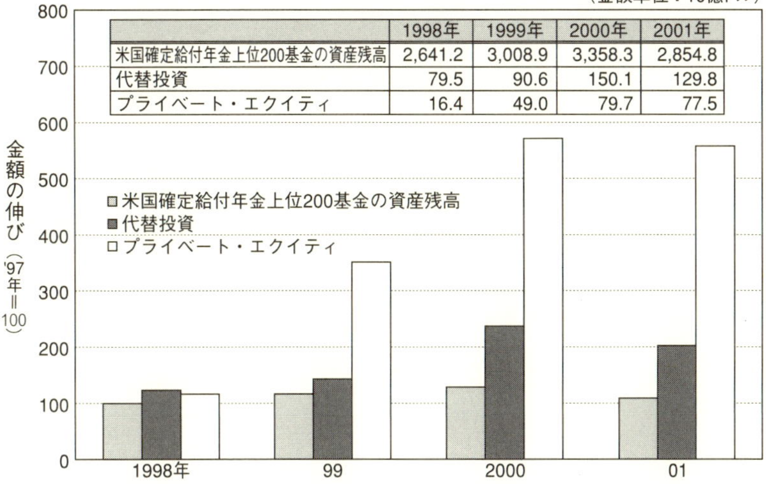

	1998年	1999年	2000年	2001年
米国確定給付年金上位200基金の資産残高	2,641.2	3,008.9	3,358.3	2,854.8
代替投資	79.5	90.6	150.1	129.8
プライベート・エクイティ	16.4	49.0	79.7	77.5

出所：Pensions & Investments

［図表３－２］　S&P500とベンチャーキャピタルのリターン推移

（1985年12月末＝100）

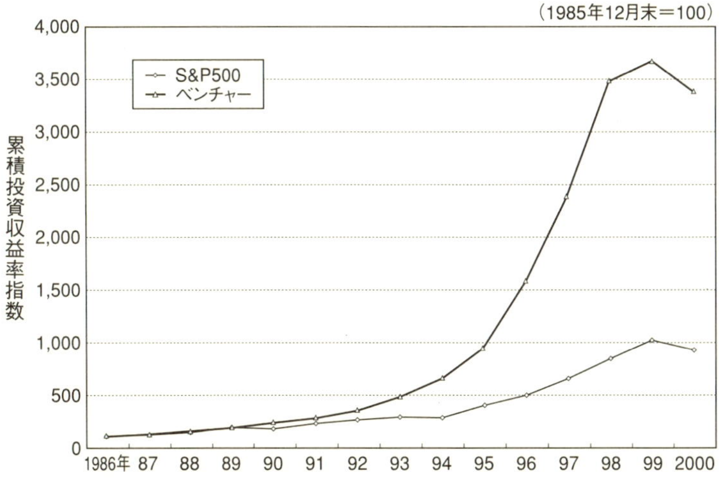

出所：Venture Economics

⑵　注目されつつあるヘッジファンド

一方で、オルタナティブ投資の範疇には入っているものの、ヘッジファンドへの取組比率は年金先進国である米国においても無視できる程度のきわめて低い数値にとどまっている状況であった。これは前述のとおり市場感応度を表すベータ値が低く、大幅な上昇相場についていけないという商品特性が1990年代の米国株式の息の長い上昇相場のなかでは不利に働いたのである。

このため、図表3－3のようにリターンそのものの高さをアピールするの

［図表3－3］　Tremont　Advisers がマネージしている『Diversified　multi-manager hedge fund portfolio』の例

Performance - Fund A (Market Neutral)

Fund A is a diversified multi-manager hedge fund portfolio. The fund is designed to produce an attractive rate of return with a very low level of volatility. Assets are over U.S. $220 million. Tremont is the adviser to the fund.

Net Monthly Returns

	Jan	Feb	Mar	Apr	May	Jun	Jul	Aug	Sep	Oct	Nov	Dec	Year
1994										0.31%	-0.36%	0.41%	**0.36%**
1995	0.30%	1.12%	1.35%	1.89%	1.13%	0.34%	1.50%	1.49%	1.55%	1.42%	0.29%	1.34%	**14.60%**
1996	1.65%	1.13%	0.88%	1.40%	1.08%	1.30%	1.24%	1.04%	0.95%	1.66%	1.56%	1.48%	**16.50%**
1997	1.35%	0.97%	0.39%	0.80%	1.04%	1.21%	1.55%	1.02%	1.51%	0.70%	1.15%	1.56%	**14.08%**
1998	0.33%	1.53%	1.71%	1.38%	0.69%	1.04%	0.67%	-2.80%	0.22%	0.01%	1.81%	0.60%	**7.34%**
1999	1.25%	0.72%	0.70%	1.00%	1.04%	1.21%	1.15%	0.86%	0.90%	0.70%	1.35%	1.75%	**13.38%**
2000	1.21%	2.27%	1.60%	1.12%	1.03%	1.20%	0.80%	1.16%	0.90%	0.77%	0.30%	0.67%	**13.82%**
2001	1.00%	0.86%	0.53%										**2.41%**

Growth of $100 (October 1, 1994 – March 31, 2001): FundAはS&P500に比べて安定的に推移。S&P500に対する感応度は小さい。

Volatility and Return (October 1, 1994 – March 31, 2001): S&P500に比べて低リスク・低リターン。但し、運用効率は高い。

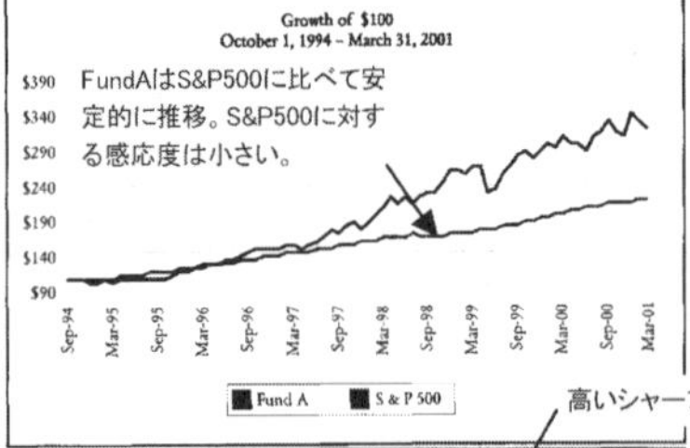

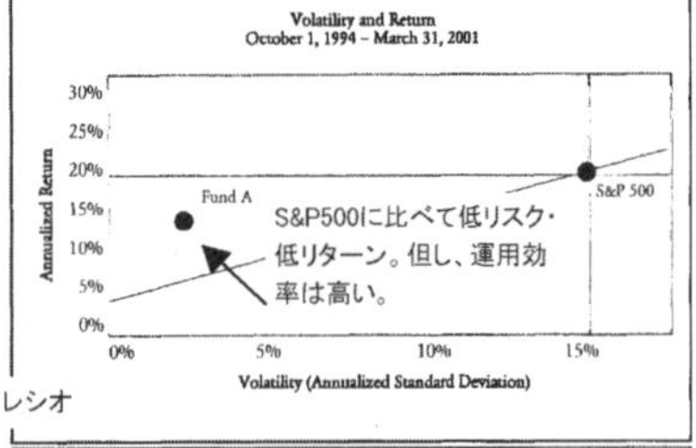

高いシャープ・レシオ

Risk Measures	Fund A	S&P 500	CSFB/Tremont Index
Annualized Return (Net)	12.66	17.24	14.32
Standard Deviation	2.22	15.29	9.80
Sharpe Ratio	3.34	0.78	0.92
No. of Positive Months	76	53	53
No. of Negative Months	2	25	25
R - Squared	0.21	1.00	0.26

Fund A (Market Neutral) vs. S&P 500 in Hostile Markets, Since Fund Inception: 特に、SP500下落時に強い（下向きの棒グラフがSP500で上向きの棒グラフがFund A）。マイナスリターン月はトータル78ヶ月のうち2ヶ月

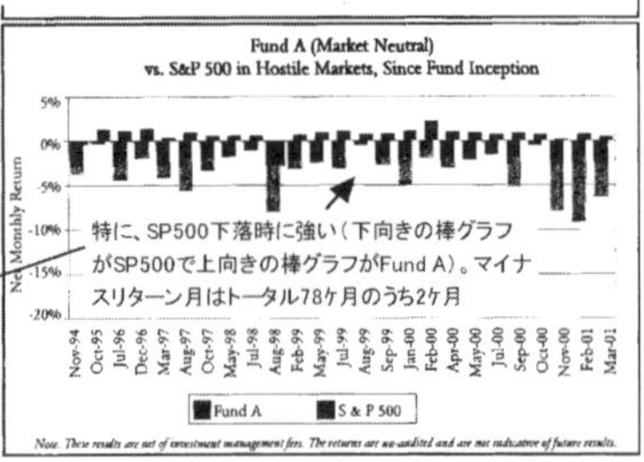

Note. These results are net of investment management fees. The returns are un-audited and are not indicative of future results.

26

TREMONT

出所：Tremont Advisers

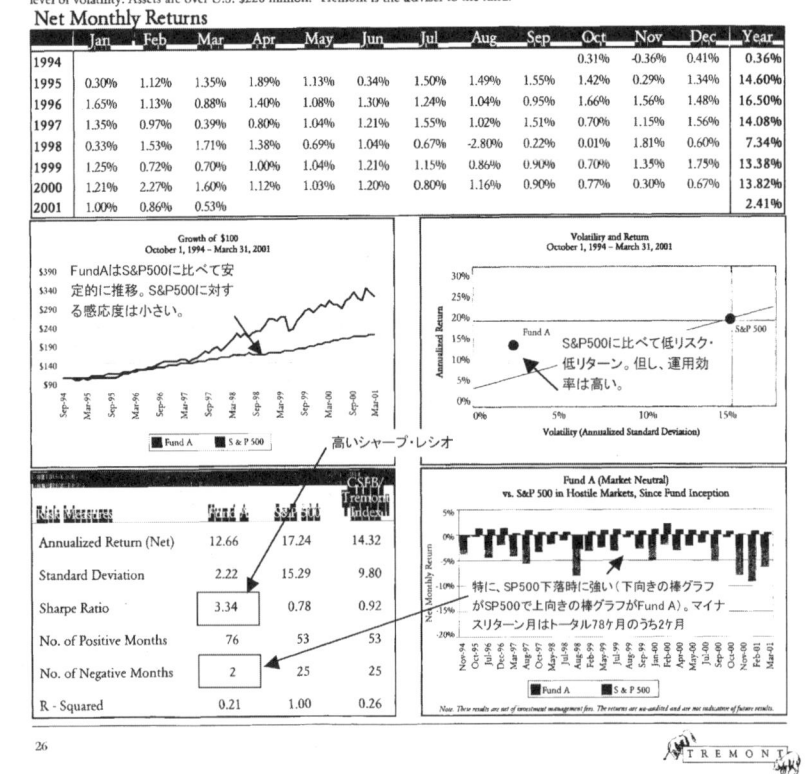

ではなく、「リターンの安定性」、「リスク・リターン効率を示すシャープ・レシオの高さ」、「マーケット下落時に強い」という商品特性をアピールしていたわけであるが、個人富裕層はともかく市場平均への勝ち負けである対ベンチマーク運用が主流である年金基金にとって、ヘッジファンドは魅力的な商品ではなかったのである。

しかしながら、米国株式の右肩上がり神話の崩壊とともに、米国企業年金市場においてもマーケット下落時に強いヘッジファンドに注目が集まりつつあり、年金基金での取組比率が徐々に上昇しつつある。

2. 日本の年金基金を取り巻く環境

(1) 年金基金のリスク許容度

日本の年金基金では、ヘッジファンドはもちろんのこと、米国におけるオルタナティブ投資のメインアイテムであるプライベート・エクイティについても取組実績はほとんどないのが実状である。というのは、日本においてはそもそもプライベート・エクイティという商品そのものが未発達であることに加え、米国においてコントリビューションホリデー（年金資産が年金負債を上回り年金掛金を拠出しなくてもよい掛金の休日といわれる状況）といったリスク許容度が高く、年金運用において高いリスクをとれる年金基金がほとんど存在していないことが、リスクが高く流動性が低い資産であるプライベート・エクイティの取組実績のなさにつながっている。そこで、日米の年金基金におけるリスク許容度の大きな違いをもたらした背景を簡単に振り返ってみたい。

まず、米国では受給権保護の観点から年金制度が考えられており、エリサ法等の法的整備に伴い「受給権の保護」、「財政の健全運営」を第一義として早期ファンディングに向けた経営努力が行われてきた。同時期に現代投資理論の発展とそれに基づく有価証券運用が、株式市場の長期的上昇トレンドと相まってリスクに見合うリターンが獲得でき、その結果、コントリビューションホリデーといった状況が出現した。

一方、日本においては2000年４月の国際会計基準に基づく退職給付会計導入以前は、企業会計上毎期の掛金（拠出）額が費用処理（損金算入）されるものの、年金債務そのものについてはオンバランスの処理が不要という扱いになっていた。

このような事情から、日本においては長らく退職金支払負担の平準化あるいは掛金（＝節税）効果に着目した企業年金導入が主流であり、その副次的効果としてファンディングがあり、年金資産あるいは年金負債（過去勤務債務）は有価証券報告書上の脚注表示にとどまるという扱いを受けてきた。

このため、積立不足額を早期に解消し、リスク許容度の高い年金基金とすることへのインセンティブが働きにくい状況であった。

今日、日本でも退職給付会計の導入、企業年金法の整備で、ようやくファンディングを一義的に考えた年金経営が始まったが、このような時期に伝統的資産における分散投資の効用が低下し、リスクに見合うリターンが獲得できるのかという局面に遭遇しているところに日本におけるむずかしさがあると思われる。

⑵ オルタナティブ投資への取組姿勢

そこで、かつてはオルタナティブ投資にまったく関心を示さなかった日本の年金基金の間でオルタナティブ投資への取組意欲が高まってきている。この理由として2000年度・2001年度と２年間にわたる年金運用のマイナスリターンが基金財政を直撃したことがあげられる。このような内外株式マーケットの大幅下落といった市場全体の下ぶれという事態への対応策として、内外株式・内外債券という伝統的資産とは低相関であり分散投資効果を向上させるオルタナティブ投資が注目されている。

特に、ヘッジファンドは市場の下ぶれリスクが懸念される弱気相場に強みを発揮するため、この１年あまりのうちに年金基金の間で急速に取組先が増えつつある。ただ、従来であればこのような弱気相場の見通しのもとで市場の下ぶれリスクが懸念される状況であっても、オルタナティブ投資がこのように注目されることはなかったのではないかと思われる。

転機となったのは、上記のように2000年4月からの国際会計基準に基づく退職給付会計の導入である。この退職給付会計の導入により、母体企業がPBO（予測給付債務；Projected Benefit Obligation）ベースでの年金債務を企業会計上の債務として認識・計上しなければならなくなり、加えて、近年の金利低下により、退職給付債務の将来予測額を現在価値で評価するための割引率が低下し、その結果PBOが増大するという深刻な事態に見舞われたのである。

［図表3－4］ 運用の下ぶれと金利低下によるPBOへの影響イメージ

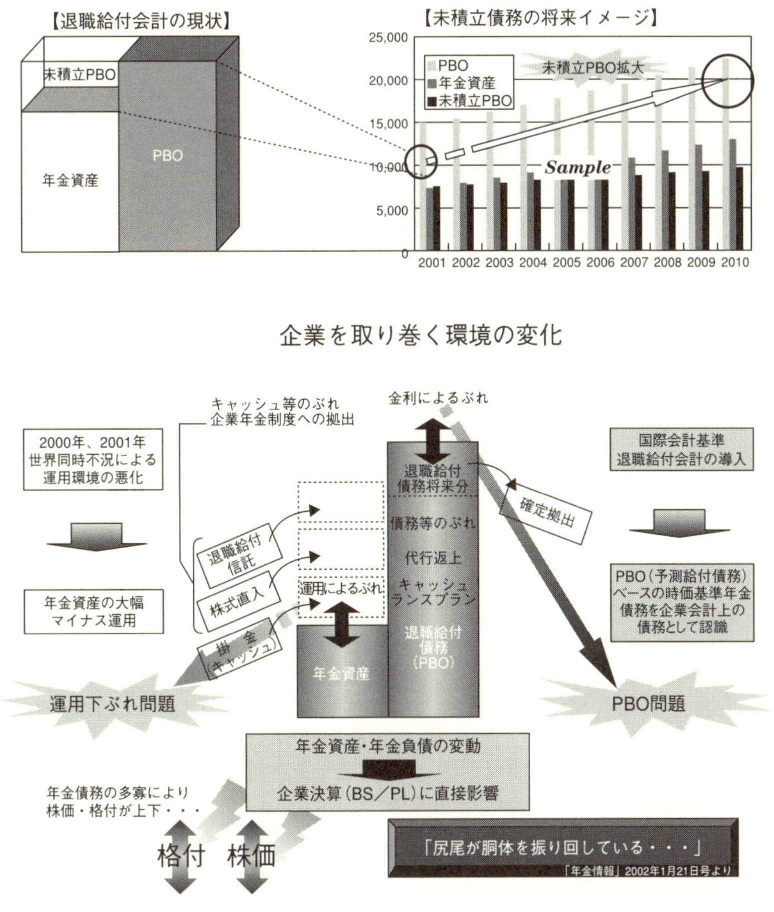

また、この２年間における年金運用の下ぶれによる年金資産の目減りは積立不足額（未積立PBO）の増加につながり、企業決算に直接的な影響を及ぼすようになってきた（積立不足額の増大という事態に遭遇しても、従来であればそれを補うために将来の掛金額が増加するというマイルドな形でしか企業決算に影響を及ぼさなかった）。

このように年金基金関係者が現在最も頭を痛めている問題は、図表３－４にあるように“運用の下ぶれリスク問題”と“PBO問題”の二つである。この二つの問題解決のいずれにも実はオルタナティブ投資がかかわっている。

⑶　年金基金の運用状況

年金運用の大原則が、国際分散投資であることはすでに述べてきたところであるが、年金基金の政策アセットミックス（資産配分比率）を国内債券40％、国内株式30％、外国債券10％、外国株式20％とした場合の1985年１月から2001年12月までの17年間のリターンは、ここ２年間の内外株式市況の低迷による２年連続のマイナスリターン（2000年…△5.80％、2001年…△3.52％）はあるものの、年平均利回りは5.59％となっている（図表３－５参照）。ここ２年間のマイナスリターン以前の1999年12月までの15年間の年平均利回りは7.04％となっており、２年連続のマイナスリターンであっても5.59％の利回りを確保できたとの見方もできなくはない。しかし、この２年間のマイナスリターンは年金基金の積立不足額の拡大につながり、まさにこの時期に退職給付会計の導入による年金債務のオンバランス化を余儀なくされたことに年金基金関係者の大きな悩みがある。

現在の不況下において、母体企業の多くはリストラ策の実施による企業収益の改善を目指しているわけであるが、これを上回る金額で運用の下ぶれによる積立不足額が発生し、これが母体企業を直撃しており、「年金情報」2002年１月21日号の表現を借りれば「尻尾が胴体を振り回している」という状況である。

日米年金市場におけるオルタナティブ投資の取組実績格差の背景は上記のとおりであるが、共通していることはヘッジファンドについては日米ともに

[図表3－5]　平均的な政策アセットミックスの累積複合リターン

累積収益率		標準偏差
（通期）	（年率）	（年率）
152.2%	5.59%	8.62%

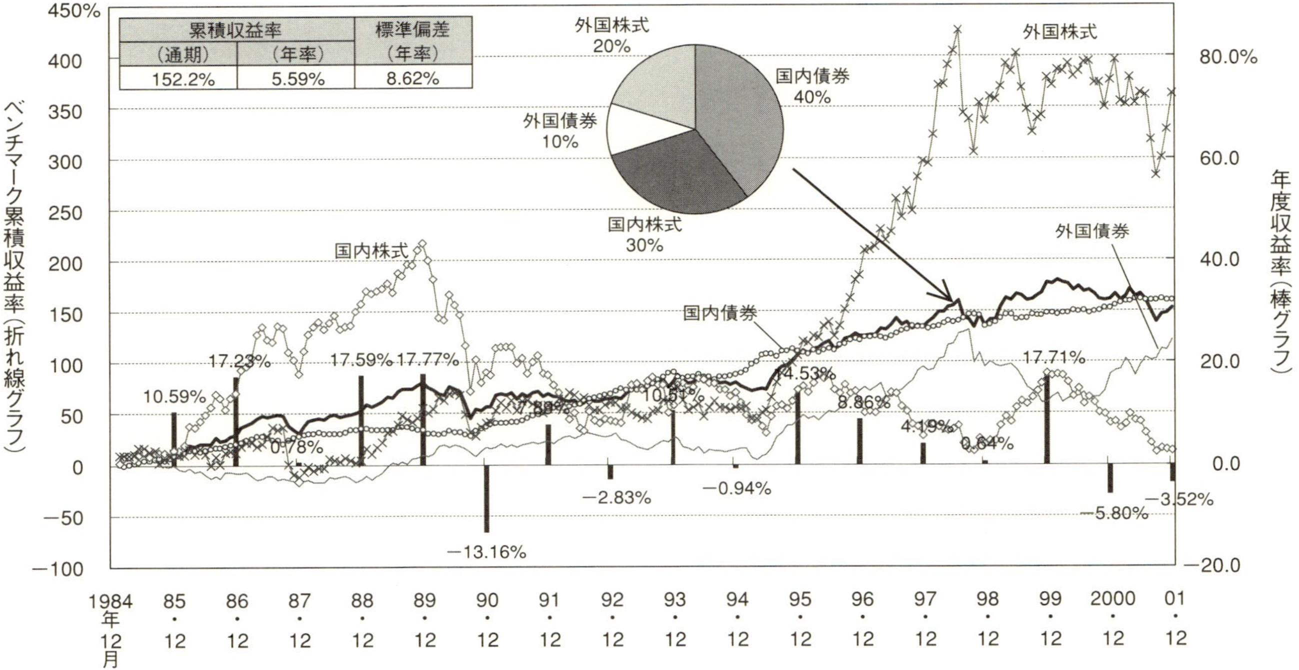

これからが創世期といえる状況であるということである。というのは年金先進国である米国においても米国株式が右肩上がりであった時代にはヘッジファンドは魅力的な投資手法ではなく、右肩上がり神話が崩壊し、株式相場の下ぶれ懸念が増大しているいま、初めて日本同様ヘッジファンドの本格的な取組時期を迎えようとしている。

第2節 オルタナティブ投資の組入比率の決定方法（ベータ戦略）

1. オルタナティブ投資の位置づけ

(1) 年金運用の目的

運用の下ぶれ懸念への対応策としてオルタナティブ投資、特にヘッジファンドが有効であることはすでに述べたとおりである。では「オルタナティブ投資の組入比率」および「マネージャーセレクション」をどのように行うか、について順を追って説明することにしたい。

そもそも年金運用の目的は何かと考えると「年金負債を上回る年金資産を積み立て、これを維持していく」ということに尽きるであろう。そのためにまず年金 ALM（Asset Liability Management）を実施し、「各々の年金基金の財政推移」や「母体企業の掛金負担能力」、「目標とする積立水準」といった負債サイドからの要請を考慮したうえで政策アセットミックスを設定する。この政策アセットミックスの期待リターンは組入資産を各々市場収益率（インデックス）どおりに運用すれば獲得できるため、これを効率的に達成することに的を絞れば、どこか１社の運用機関にインデックス運用を委託すればよいということになる。

しかしながら、多くの年金基金は政策アセットミックスから導き出される期待リターンにアクティブ運用による付加価値を上乗せするための努力を行っている。

このアクティブ運用による付加価値上乗せのための運用機関構成（マネージャーストラクチャー）は、バランス型中心の第1ステージ、アクティブバランスをコアとしてサテライトにハイリターン指向の特化型を配した第2ステージ、大半をパッシブバランスとしてサテライトにハイリターン指向の特化型を配した第3ステージに分類される。

a.　バランス型（第1ステージ）

年金基金のみならず個々の運用機関においても5332規制が適用されていた時期は、オールバランス型が主流（それ以外選択の余地がなかった）であった（図表3－6参照）。現時点でも件数ベースでは依然このパターンが大勢を占めていることに変わりはないが、従来はアセットアロケーションも含めた“お任せ型”と呼ばれる包括的な委託形態が主流であったのに対し、最近では年金基金が“運用ガイドライン”と呼ばれる資産配分計画を提示し、そのなかで包括的な運用を委託するケースが増えてきている。これは年金基金が運用ガイドラインを提示するという点で、かつてのお任せ型とは一線を画していると考えるべきであろう。

b.　バランス型＋特化型（第2ステージ）

第2ステージの典型的なマネージャーストラクチャーは、バランス型をコ

［図表3－6］　オールバランス型のイメージ図

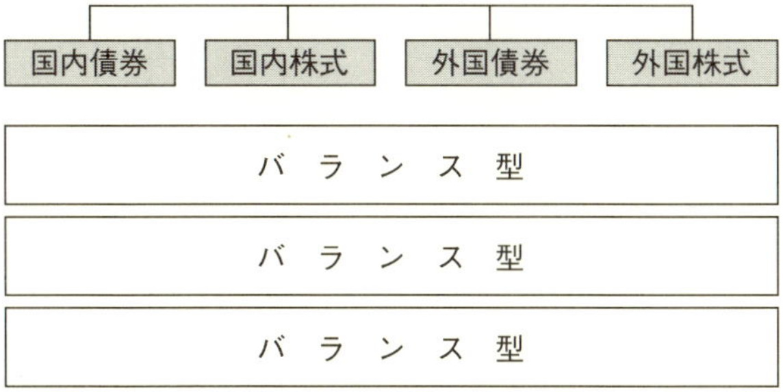

［図表３－７］　バランス型＋特化型のイメージ図

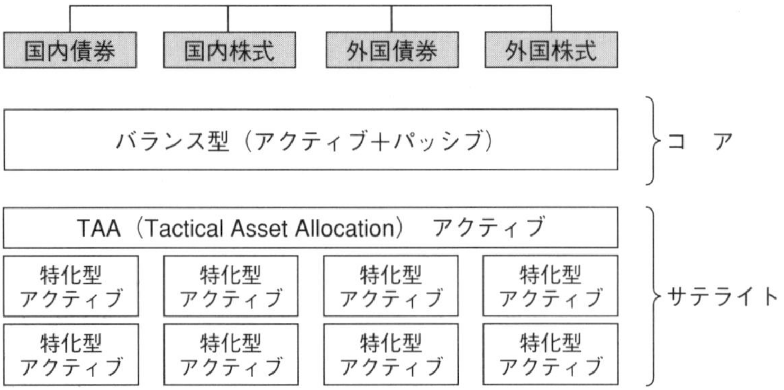

ア、特化型をサテライトと位置づけたシンプルなコア／サテライト型運用である（図表３－７参照）。コアバランス運用は文字どおり安定運用を行い、たとえば国内株式のケースであればパッシブ運用とアクティブ運用を組み合わせ、さらにアクティブ運用はスタイル分散によりミスフィットリスクを回避し、安定的にアクティブリターンを確保するものでなくてはならない。

つまり、コアバランス運用は、いわば年金基金が行うべき基金全体のリスク調整機能の役割を代替するという側面があり、たとえば、政策アセットミックスからの過度な乖離を資産配分のリバランス（資産配分の調整）によって是正するポートフォリオ・オーバーレイ機能を担う場合がある。一方、サテライト運用は積極的にアクティブリターンを追求する運営を行うものであるが、この場合もスタイルの偏在がないように留意する必要がある（複数資産を委託し準特化型運用を行うケースもある）。なお、資産配分にかかわるアクティブ運用を、コアバランス運用機関に委託するのではなく、TAA マネージャーを採用しその運営を任せるというケースも考えられる。

c.　コアパッシブ＋サテライトアクティブ（第３ステージ）

第３ステージの典型的なマネージャーストラクチャーは、コアとサテライトに分ける点では第２ステージと同じであるが、コア部分をパッシブ運用とし、サテライト部分を占めるアクティブ運用については、国内株式であれば

［図表３－８］　コアパッシブ＋サテライトアクティブのイメージ図

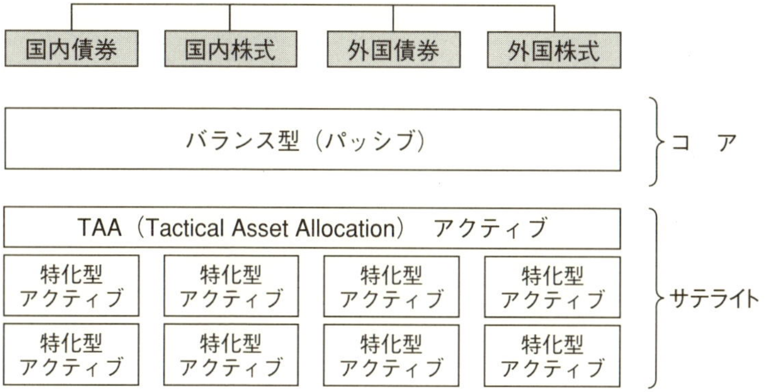

バリュー、グロース、外国株式であればインターナショナル（日本を含む場合もある）、地域特化、エマージングといったようにスタイルの箱（スタイルボックス）の数が増え、ボックスごとに異なったベンチマーク（スタイルベンチマーク）が設定される場合もある（図表３－８参照）。いずれにしても、スタイルが細分化されてくれば、運用機関ごとに付与される目標も変わってくることになる。たとえば、株式のバリューマネージャーとしてスタイル指定を受けた場合、グロース相場ではTOPIXに勝ちにくいのでユニバース比較（バリューマネージャー同士の比較、これを“ピアグループ比較”と呼んでいる）との併用が必要になってくる。

なお、第３ステージの究極型としてコアパッシブ部分の全体に占めるウェイトが上昇し、サテライト部分に絶対リターン追求型のオルタナティブを配置したマネージャーストラクチャーが考えられる。このマネージャーストラクチャーでは、サテライト部分がオルタナティブ化することで高リスク化し運用報酬も高くなるため、アクティブ運用部分のショックアブソーブ機能およびコスト低減機能をねらってパッシブファンドのウェイトはさらにアップすることになる。

このような、ステージごとの典型的なマネージャーストラクチャーと、マネージャーストラクチャーにおける、コアパッシブ、コアアクティブ、サテライトおよび絶対リターン戦略（オルタナティブ）の機能については図表３

[図表３－９]　マネージャーストラクチャーのステージ

【第1ステージ】運用機関一任型

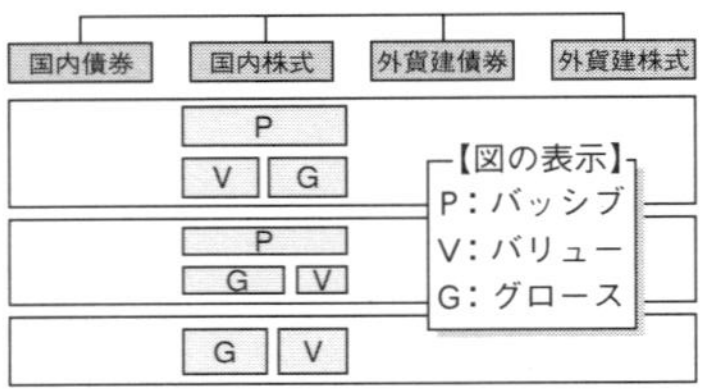

バランス型を中心とした役割分担により、全体構成の最適化、調整、管理を行う。

【第2ステージ】コア・サテライトの分割

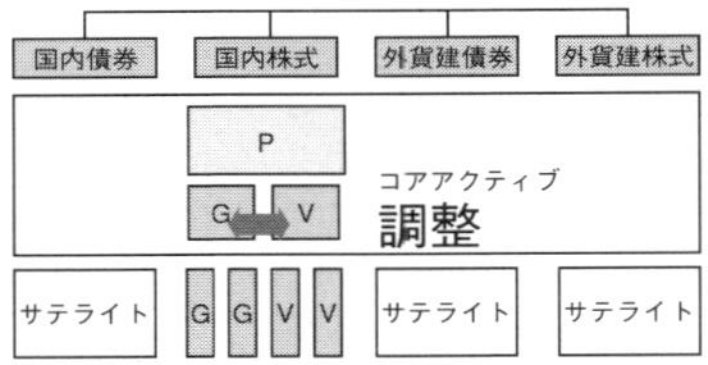

運用対象の特性等にあわせて委託形態を分化。コア部分（アクティブ）で全体の調整が可能。

【第3ステージ】アクティブ・パッシブの分割

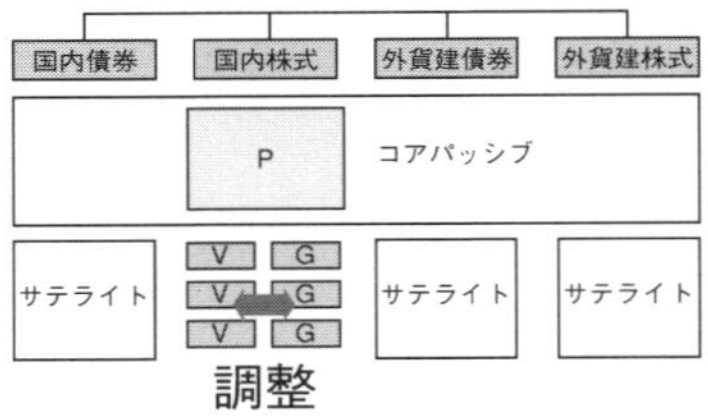

役割分担をスタイルまで明確に区分。サテライト部分は高めのアクティブ度を維持。全体は委託者が調整。

マネージャーストラクチャー高度化の方向性

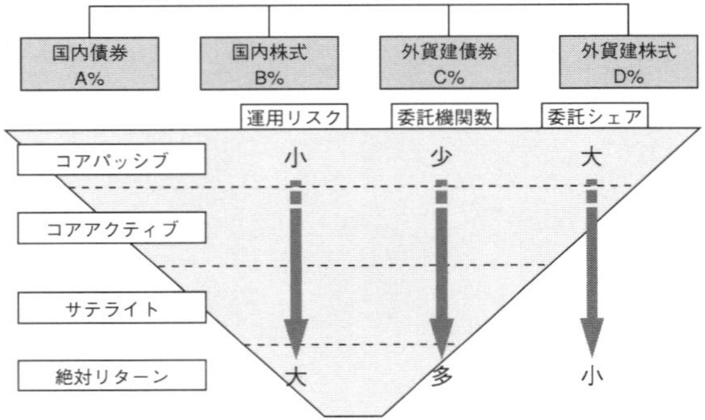

【究極型】役割ごとの究極化

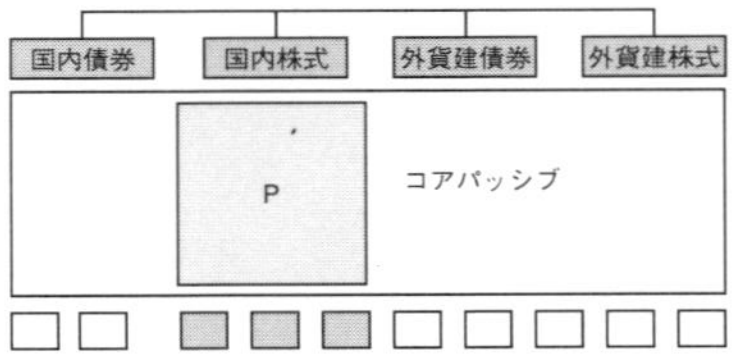

サテライトはオルタナティブ化。洗練されたハイリスク型運用による絶対収益の追求。

出所：大塚明生・金井　司著『戦略的年金経営のすべて』（㈳金融財政事情研究会、2001年）

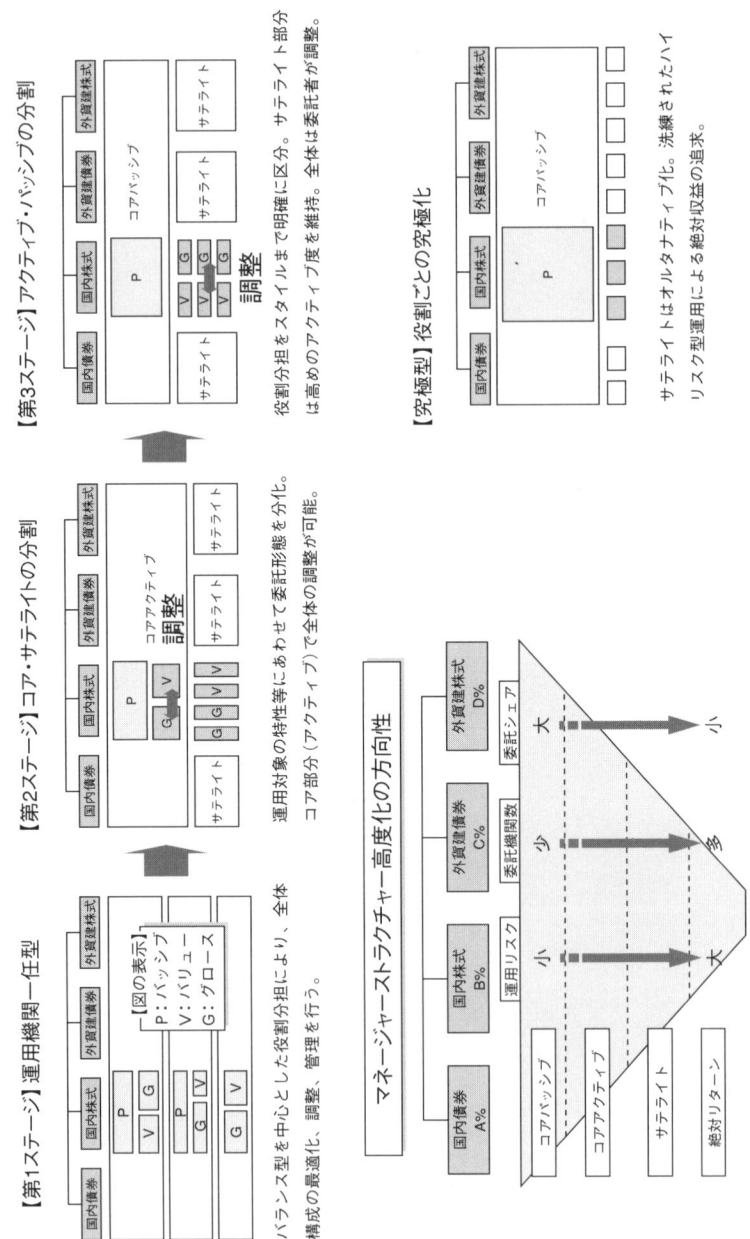

－９のとおりである。

d.　ストラクチャードアルファ

運用機関構成（マネージャーストラクチャー）を考えるにあたり注目すべきは、年金コンサルティング会社であるワトソン・ワイアット社が打ち出したStructured Alpha™（以下“ストラクチャードアルファ”）である。

ストラクチャードアルファの提唱するマネージャーストラクチャーのモデルは①パッシブコア、②アクティブコア、③アクティブサテライト、④絶対リターン（オルタナティブ）型のマネージャーで構成される。従来の第１～第３ステージのストラクチャーと比較するとパッシブ比率を引き上げ、同時にアクティブ度が相対的に低いアクティブコア運用の比率を引き下げ、市場連動性やスタイル間相関の低いサテライト型のアクティブ運用や絶対リターンを追求するオルタナティブ運用の比率を引き上げて、より高い付加価値を追求するものである。同社は、このようなマネージャーストラクチャーを“アルファ・ロケット”と呼んでいる（図表３－10参照）。

⑵　アルファ戦略

このように、運用機関構成（マネージャーストラクチャー）を構築する際に

［図表３－10］　アルファ・ロケットの図

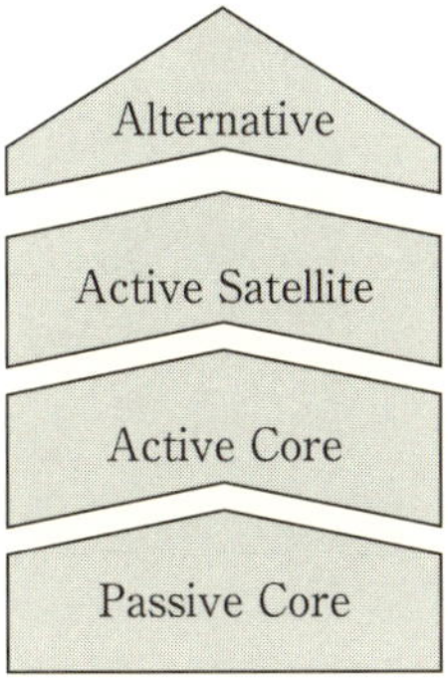

出所：ワトソン・ワイアット社

オルタナティブ投資が注目されているわけであるが、“アルファ”という言葉が表しているようにここではオルタナティブ投資におけるマネージャーのスキルがポイントになる。

“ストラクチャードアルファ”のコンセプトは、スタイル分散を前提としてパッシブ、サテライトアクティブ、絶対リターン追求型プロダクト（オルタナティブ）によるストラクチャー構築を行い、運用報酬控除後のネットでの運用効率の極大化を図るものであり、マネージャー選択にあたってはリターンだけではなく組織や文化、運用スタイルにおけるバイアスといった面での相関を勘案し、スペシャリティの高いマネージャーを選択する点がポイントになっている。

オルタナティブ投資に関心が高まりつつあるのは、超過リターンはマネージャー選択リスクの対価として獲得できるものであり、マネージャー選択を突き詰めて行えばオルタナティブマネージャーにたどり着くという、いわば“アルファ戦略”としての側面があるのである。

⑶ ベータ戦略

ところで、最近オルタナティブ投資が脚光を浴びつつあるのは“アルファ戦略”もさることながら、むしろ“ベータ戦略”が注目されている点にあるといえる。

運用におけるパフォーマンス分析で、アルファとは市場全体の動きに左右されない個別銘柄独自の価値の部分を指しており、ベータとは市場全体の動きに左右される市場感応度であることはすでに述べた。

年金基金が現代投資理論を踏まえた分散投資を行うのは、内外株式・内外債券といった運用対象資産を組み合わせることで、一つ一つの運用対象資産の市場の動きに左右されにくい安定したパフォーマンスを達成するためである。言い換えれば、各運用対象資産の市場リスク（ベータ）をいかにうまくコントロールするかという“ベータ戦略”としてオルタナティブ投資が注目されている。

“ベータ戦略”の最も大きな柱である国際分散投資については、経済のグローバル化・クロスオーバー化により各国経済の変動に同調性が生じるようになってきたため、その効用が低下し、これが年金基金における2年連続のマイナスリターンにつながっている。この時期に退職給付会計の導入による退職給付債務のオンバランス化が重なったことが、企業年金問題を深刻化させている。

市場変動リスクである“ベータリスク”を抑制する最も単純な解決策は100%キャッシュ運用であり、このような考えで生命保険会社の一般勘定あるいは余資比率を高める年金基金も出ている。しかし、このような対策は現在のような超低金利下では掛金収入で年金資産の大部分を構築することになり、母体企業が過大な掛金負担を許容することが前提になる。一方で、母体企業が過大な掛金負担を許容できないとなれば、やはりリスクをとった運用を行わなければならないが、それはそれで「運用の下ぶれリスクが恐い」という堂堂巡りの袋小路に入り込んでしまう。

このような運用（市場）の下ぶれリスクを懸念せざるをえない状況下における“ベータ戦略”の切り札がオルタナティブ投資、特にヘッジファンドである。

これまでの説明で、年金負債を上回る年金資産を積み立て、維持するという年金運用の目的を達成するためのプロセスが“ベータ戦略”“アルファ戦略”であることがおわかりいただけたものと思う。このプロセスは言い換えれば、年金ALM分析により個別基金の成熟度等を勘案して政策アセットミックスを策定し、次に運用機関構成（マネージャーストラクチャー）を構築し、最後に採用すべき運用機関を決定する（マネージャーセレクション）というプロセスにほかならない。

では、これから伝統的資産にオルタナティブ投資を加えた上記プロセスを順を追ってみていくことにする。

2.　政策アセットミックスにおけるオルタナティブ投資の取扱い

⑴　効率的フロンティアアプローチとバリュー・アット・リスク

a.　リスクとリターンのバランス

政策アセットミックス策定にあたり留意すべき点は、トレードオフの関係にあるリスクとリターンのバランスをどのようにとるかである。現在のような弱気相場が予想される状況のもとでは、相場の下ぶれによる積立不足額の拡大を避けるためには、リスクを抑えた安定型政策アセットミックスを選ぶことになる。一方で、リスクを抑えた政策アセットミックスでは期待リター

[図表3－11]　効率的フロンティアのイメージ

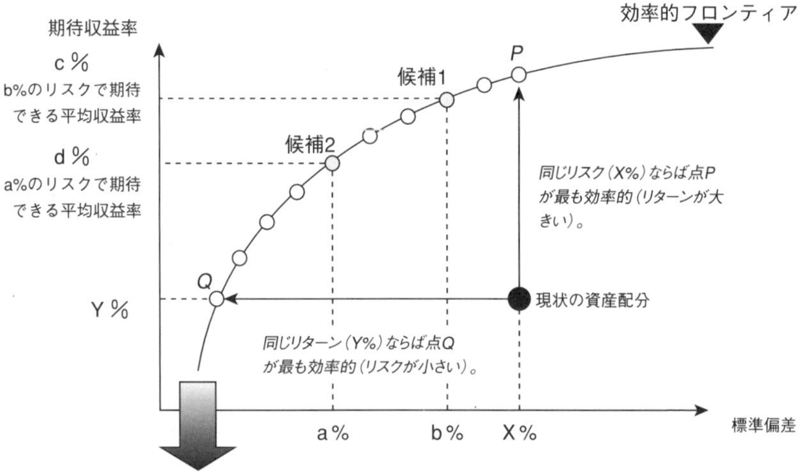

【効率的フロンティア上の資産配分イメージを7パターン例示】

AM No	期待収益率	標準偏差	(1) 国内債券	(2) 国内株式	(3) 外貨建債券	(4) 外貨建株式	合　計
候補1	5.0%	10.8%	23.7%	38.1%	12.5%	25.7%	100.0%
2	4.5%	9.3%	34.8%	32.6%	11.3%	21.3%	100.0%
候補2	4.0%	7.8%	45.4%	27.5%	10.1%	17.0%	100.0%
4	3.5%	6.6%	54.6%	22.7%	9.2%	13.5%	100.0%
5	3.0%	5.4%	65.7%	17.2%	8.0%	9.1%	100.0%
6	2.5%	4.3%	77.0%	11.5%	6.5%	5.0%	100.0%
7	2.4%	4.2%	80.0%	10.0%	5.0%	5.0%	100.0%

ンが低いため、将来の掛金負担につながるおそれがある。

このようなケースにおいて着目すべきポイントは、安定策をとって政策アセットミックスの期待収益率を下げたとしても、思ったほど政策アセットミックスのダウンサイドリスクが改善されないということである。

図表３－11にある候補１の政策アセットミックスの期待収益率は5.0％であるが、これを年金運用の下ぶれリスクを抑えるために、候補２の期待収益率4.0％の政策アセットミックスに変更したとしても、候補１・候補２の政策アセットミックスが、たとえば4.0％を下回るリターンとなる場合における、向こう５年間の双方の平均利回りは、実は0.5％（候補１：1.3％、候補２：1.8％）しか差がないのである。

なぜ、こんなことになるのかは、図表３－12でイメージがつかめると思うが、候補２のリターンの散らばり（標準偏差）はたしかに候補１より小さく、大勝ち大敗けの確率も低い一方、4.0％という基準収益率を下回る確率（これを“ショートフォール・リスク”と呼ぶ）は候補１の41.8％に対し、候補２は50.0％と拡大するため、リターンが4.0％を下回るケース全体の平均値では、候補２は候補１に対して0.5％のダウンサイドリスク改善効果にとどまるのである。

［図表３－12］　候補１と候補２の正規分布図

ショートフォール・リスク（Shortfall Risk）

将来発生する収益率が、目標（基準）を下回る確率をショートフォール・リスクと呼ぶ。

Ex：「4.0％に対するショートフォール・リスクが41.8％」ということは、「4.0％以下の収益率となる確率が41.8％」ということ。

バリュー・アット・リスク（Value at Risk）

一定期間内に、一定の確率で発生しうる最大損失額（最大損失率）をバリュー・アット・リスクと呼ぶ。

Ex：「信頼区間95％のVaRが△12.8％」ということは、「5％の確率で△12.8％以上の資産の減少が生じうる」ということ。

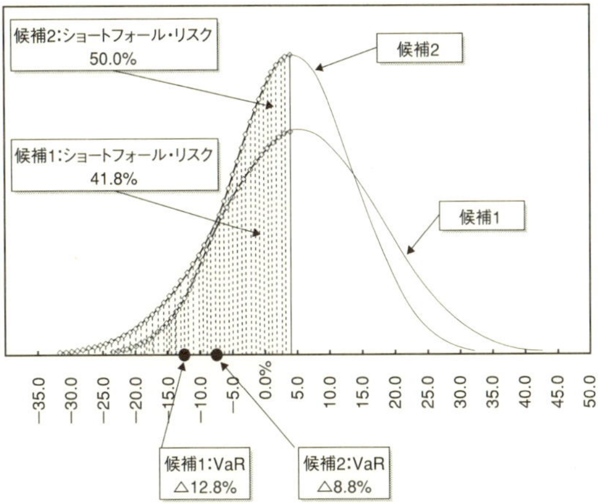

しかしながら、平均的にはそうであっても、たとえば20年に１回起こるような大敗けのケース（これを“バリュー・アット・リスク”と呼ぶ）では候補２は△8.8％、候補１は△12.8％と大きなリターンの違いとなり、大敗け時の下ぶれリスク改善効果は大きいのである。

最近の弱気相場のもとで、相場の下ぶれリスクであるダウンサイドリスクを抑制できる一方、アップサイドポテンシャルをさほど放棄しなくてすむということで、ヘッジファンドを取り組む年金基金が急速に増えている。

この発想の原点は、先ほどの例でいえば、期待収益率5.0％の候補１と期待収益率4.0％の候補２の政策アセットミックスの内外株式比率の差は19.3％（＝〈38.1％＋25.7％〉－〈27.5％＋17.0％〉）となっているが、候補１のダウンサイドリスク抑制のために内外株式比率63.8％のうち、たとえば10％をヘッジファンド組入れにあてるという考えにある。この政策アセットミックスを候補３とすると、図表２－24で算出された期待リターン15％、標準偏差10％といった“ヘッジファンドの平均像”を組み入れた場合の政策アセットミックスの期待収益率は5.8％、標準偏差は7.7％となり、候補１を期待リターンで上回り標準偏差で候補２とほぼ同じという政策アセットミックスとなる。

これは図表３－13にあるように、ヘッジファンド組入れにより効率的フロンティアが左上方に移動していることから確認できる。候補２と候補１は同一フロンティア上にあり、候補２から候補１へフロンティア上を移動するにはリターン向上とともにリスク度アップを伴うことになる。

ところが、ヘッジファンド組入れにより左上方へ効率的フロンティアが移動するということは、リスクを上げずにリターンをアップさせることができることになる。

なぜこんな不思議なことが起こるかといえば、ヘッジファンドが絶対リターンを獲得できる一方で、ダウンサイド・ディビエーションで確認されるように相場下落時に強みをもつ（すなわち、標準偏差が小さい）というリスク・リターン効率の高い運用商品であることに起因する。

ヘッジファンドを組み入れた効率的フロンティアを算出すると、このよう

[図表3－13]　オルタナティブ投資の組入れによる効率的フロンティアの左上方への移動イメージ

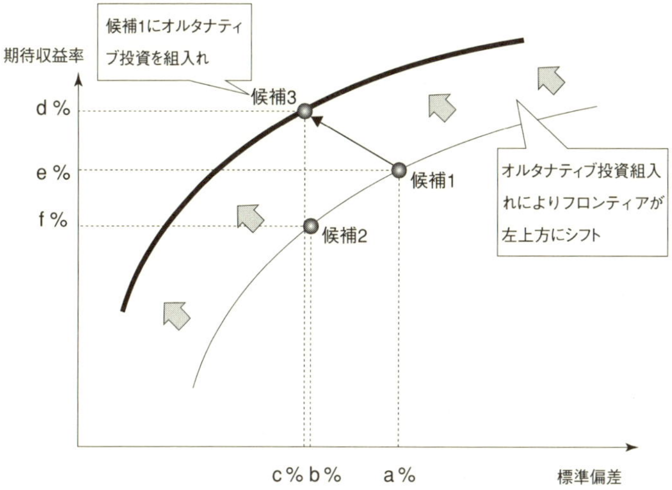

に全体ポートフォリオの運用効率は改善されるが、一方で大半の年金基金で使用される期待収益率4～6％というケースにおいて、ヘッジファンドの組入比率が50～80％になるという非現実的な結果になる。

たしかに効率的フロンティアアプローチには納得感は得られやすいが、ヘッジファンドマネージャー間のリターン格差は伝統的資産のマネージャー間のリターン格差とは比較にならないくらい大きいため、その平均値（インデックス）を使用して算出する最適資産配分比率は、ヘッジファンド組入れによる運用効率の改善効果（効率的フロンティアの左上方シフト）を知るための頭の体操としては有効であっても実用的ではないという側面がある。

また、政策アセットミックス策定プロセスは前述のとおり“ベータ戦略”にほかならないが、運用パフォーマンスの大半がベータ値ではなくマネージャーの力量（アルファ）から生じるヘッジファンドには平均・分散法を用いた効率的フロンティアアプローチはなじみにくい。

[図表3－14]　リスク・バジェッティング手法を用いたシミュレーション結果
（総資産100億円の年金基金の事例）

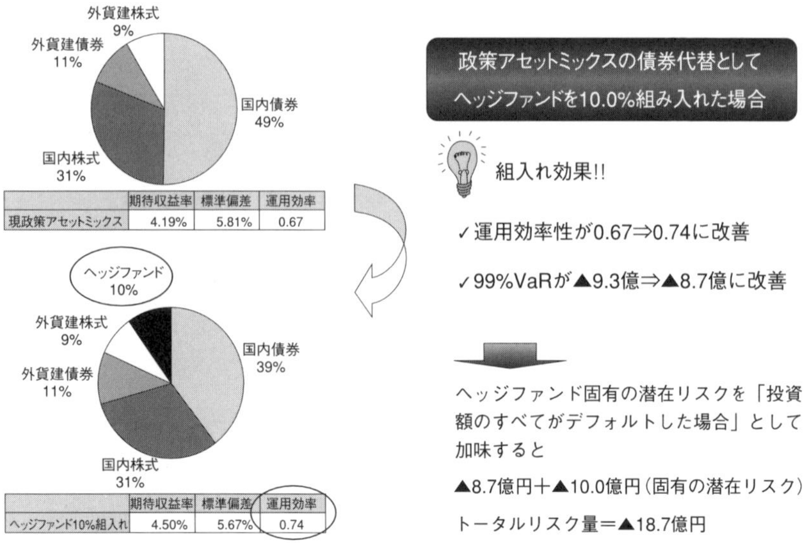
外貨建株式
9%
外貨建債券
11%
国内債券
49%
国内株式
31%
ヘッジファンド
10%
外貨建株式
9%
外貨建債券
11%
国内債券
39%
国内株式
31%
政策アセットミックスの債券代替として
ヘッジファンドを10.0%組み入れた場合
組入れ効果!!
✓運用効率性が0.67⇒0.74に改善
✓99%VaRが▲9.3億⇒▲8.7億に改善
ヘッジファンド固有の潜在リスクを「投資額のすべてがデフォルトした場合」として加味すると
▲8.7億円＋▲10.0億円（固有の潜在リスク）
トータルリスク量＝▲18.7億円

	期待収益率	標準偏差	運用効率
現政策アセットミックス	4.19%	5.81%	0.67

	期待収益率	標準偏差	運用効率
ヘッジファンド10%組入れ	4.50%	5.67%	0.74

b.　リスク・バジェッティングの活用

平均・分散法とは異なるアプローチとして、ヘッジファンドのリスクをバリュー・アット・リスク等でとらえポートフォリオ全体の最適なリスク配分という観点から、後述するリスク・バジェッティング（リスク予算）の手法を用いて最適なウェイトを算出する方法がある。図表3－14はその考え方を示した例であるが、要するにヘッジファンド投資から発生する最大損失額を把握することで、個別の年金基金のダウンサイドリスク許容度に応じて組入比率を決定するというコンセプトである。

ただし、リスク・バジェッティング手法においても留意点があり、完全ではない。現代投資理論では株や債券のような伝統的な資産のリターンの形状は、平均値をはさんで左右対称な正規分布（図表3－12参照）を描くとされているが、ヘッジファンドの場合は左側（マイナス）の裾野の一部が膨らむ“ファットテール”と呼ばれる現象が発生しやすいといわれており、バリュー・アット・リスク等で測定したリスク量以上に損失が拡大する可能性があるからである。

たとえば、第１章で述べたようにプライム・ブローカーが融資を引き上げてしまうようなケースは伝統的資産の運用会社には考えにくいリスクであるが、このようなヘッジファンド特有のリスクがファットテールを形成すると考えられ、これを加味してリスクを計量化することは大変むずかしいのである。

ヘッジファンド特有のリスクは、結局のところ個別ファンドに対する十分な調査を踏まえた定性的な評価を踏まえなければわからない。その点を割り切って、できるだけ多くのデータを集め、その集合体を「市場」ととらえてマクロ的にヘッジファンドのリスク・リターン値を把握することも考えられるが、公表されているデータベースが、消滅したファンドを含まないため、データベース本来の姿が歪められるといった“サバイバル・バイアス”により実体より良い数値が出ている可能性があることを勘案すると、精度の高い情報を得られるかどうか疑問が残る。

しかし、もしデータを豊富にもつファンド・オブ・ファンズのゲートキーパーからヘッジファンド特有のリスクも勘案した情報を得られるならば、ある程度ファットテールを予測できるのではないかとも考えられ、その意味では優れたゲートキーパーを利用するということは、ヘッジファンド投資のポートフォリオ構築だけではなく全体ポートフォリオにおけるヘッジファンド投資の位置づけを決定する点にも寄与するということができる。

いずれにしても、ファットテール現象の解明は今後進んでいくことが期待され、こうした計量的なアプローチも将来的には精度が上がっていくものと考えられる。

⑵　オルタナティブ投資の組入比率

では実際に、ヘッジファンドを含めたオルタナティブ投資を組み入れる際にその組入比率をどのように決定すればよいのだろうか。

現段階での計量的なアプローチの問題点は前項でも述べたとおりであるが、『年金運用におけるオルタナティブ投資』（野村証券金融研究所）によると、ヘッジファンドやマネージド・フューチャーズのようなオルタナティブ・ストラテジー（代替投資）のみならず、代表的プライベート・エクイティ商品であるベンチャーキャピタルの場合も、パフォーマンスがＪカーブ（ファンドの初期段階では収益があがらないこと）をたどることなどの問題点があるため、米国などでもオルタナティブ投資の比率の決定に際しては、必ずしも効率的フロンティアを描いて決定しているわけではなく、期待収益率の向上もしくは分散効果という観点で“ある程度影響力のある比率”を決めていると指摘している。

しかし、この“ある程度”がどのくらいであるかが問題であろう。たとえば年金コンサルティング会社であるワトソン・ワイアット社は、オルタナティブ資産の組入比率について最低でも５％は組み入れないと意味がなく、最大比率は流動性を勘案して決定すべきだと指摘しており、組入比率の正解はなく、おおよそ10％くらいが“ナイスラウンド・フィギュア（切りのよい数値）”で、この程度が小さすぎず大きすぎない比率だといっている。実際、年金基金のなかには５～10％を一応の目安に置いているところが多く、納得感のある計量的アプローチが確立するまでの間、“ある程度影響力のある比率”として“ナイスラウンドな比率”を設定する方法が浸透しつつあるのではないかと推測される。

ただし、その場合でもバリュー・アット・リスクの測定や平均・分散法を用いた効率的フロンティアアプローチ手法を併用し、現時点で可能な限りのリスク管理を行うことが現実的な対応であろう。今後確立されることが期待される計量的アプローチは、これらの理論の延長線上に発展していく可能性が高いからである。

第3節　オルタナティブマネージャーの採用プロセス（アルファ戦略）

1.　運用スタイルの分散

政策アセットミックスを構成する各運用対象資産の市場リスク（ベータ）をいかにうまくコントロールするかという“ベータ戦略”に続き、これから政策アセットミックス策定後の各運用対象資産における付加価値上乗せのための“アルファ戦略”についてみてみたい。

アルファ戦略においては、アルファを獲得しやすい環境を整備するために運用機関構成（マネージャーストラクチャー）の構築を行い、次にアルファを獲得できるアクティブマネージャーを採用するわけであるが、アルファ戦略の目指すところは運用効率の向上である。

アルファ戦略における入り口のステップであるマネージャーストラクチャーを構築するにあたり、まず押さえるべきポイントは“運用スタイルの分散”である。数年前までは、国内株式運用においてバリュー・グロースといった運用スタイルの分散について、さほど強く意識されることはなかったが、成長株が急騰した1999年のグロース相場と、この反転相場となった2000年のバリュー相場を経て、スタイル分散の重要性があらためて認識されるようになった。

というのは、1999年時点において好調なリターンをあげた年金基金の多くは一転、その翌年にはパフォーマンス不調となったが、実は99年のパフォーマンスが好調であった原因は、基金全体ポートフォリオのグロースファンドへの偏りにあったというケースが多かったからである。

このようなグロース・バリューの一巡相場のなかで、いずれの時期においても超過リターンをあげるということが理想的なアクティブマネージャーである。しかしながら、実際にはこのようなスタイル循環を的中させて、どのような相場つきのもとでも安定した超過収益を獲得できるアクティブマネー

[図表3－15]　運用スタイル管理に対する見解

1．株式運用において重視するファクター

国内株式運用のマネージャーストラクチャー構築に際しては、スタイル・ニュートラルとし、時価ウェイトについてはCallan Broad Equity Indexと同様とする。
我々が重要と考えるファクターは、バリュー・グロースのエクスポージャー、時価総額、およびアクティブ・パッシブ比率である。

2．運用スタイル分散の効用

資産分散のメリットと同様、スタイル分散の最大のメリットは、一方の投資スタイルが不芳でも、補完的なスタイルが比較的良好なパフォーマンスをあげるであろうことである。……（中略）……スタイルの相場サイクルは相場全体のサイクルと同様に予想することはできない。補完的なスタイルをもつ運用機関を組み合わせる目的は、全体リターンを低下させずに合成ファンド全体のぶれを抑制することである。……（中略）……再度述べるが、スタイル分散のメリットは、全体リターンのぶれと、不芳となった投資対象の影響を最小化しながら、長期的に全体リターンの水準を改善することである。

3．運用スタイルを考慮した運用評価

個別のマネージャーに対して用いられる、三つの最も一般的なベンチマークは、(1)市場インデックスのベンチマーク、(2)スタイル特化したベンチマーク、(3)スタイルやピア・グループのリターンである。マネージャーの相対パフォーマンスはこれら三つの評価基準の組合せを用いて評価されるのが妥当である。

出所：『Pension Plan Consulting Practices』CALLAN ASSOCIATES Inc, 2000.5

ジャーは思ったほど多くはなく（このようなマネージャーを「市場型マネージャー」と呼ぶ)、運用先進国である米国においても株式運用でいえばバリュー・グロースをスタイル分類基準とする運用スタイルの分散が提唱されている（図表3－15参照)。

運用スタイルの分散効果を実際のファンドで検証したのが、図表3－16である。グロース・バリューの一巡相場であった1999年以降2年間のバリュー

[図表3－16]　スタイルミックスによる運用スタイル分散効果の実例

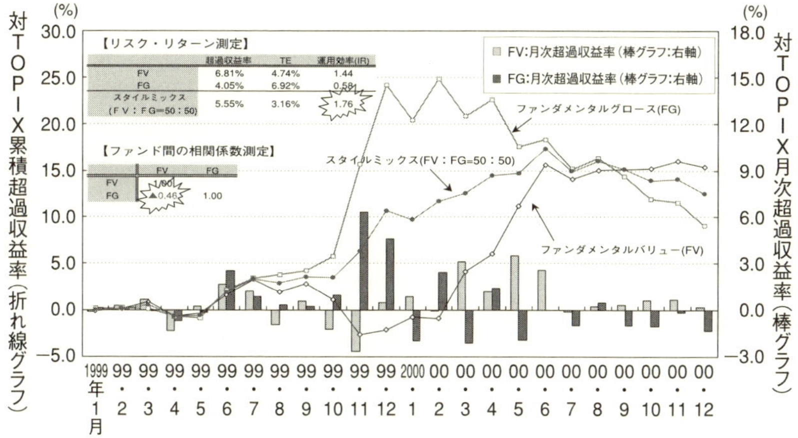

出所：大塚明生・金井　司著『戦略的年金経営のすべて』(㈳金融財政事情研究会、2001年)

ファンド（以下FV）とグロースファンド（以下FG）の運用効率（対TOPIXの超過リターンを対TOPIXのリスク度であるトラッキングエラーで除した数値であるインフォメーションレシオ）はFVが1.44、FGが0.58となっている。二つのファンドを50：50で保有した場合の年平均超過収益率は5.55%と、FV、FGのそれぞれの年平均超過収益率の中間に収まる数値となっているが、一方で、リスクを表すトラッキングエラー（TE）は3.16%と、いずれのファンドも下回る数値となっている。このため、運用効率を示すインフォメーションレシオ(IR)はいずれのファンドも上回る1.76、つまり、とったリスクの1.76倍のリターンが獲得できている。このようなスタイルミックスによる運用効率向上の決め手は両ファンドの相関係数が△0.46という逆相関になっていることにあり、二つのファンドのリターンの出方が異なるため、いわば波を打ち消す動きとなり、全体ポートフォリオのリスク度が低下し運用効率が向上している。

2.　スタイルニュートラル戦略

では、実際に何をもってスタイル分散されたかという判断を行うのだろうか。従来、スタイルニュートラルといえば残高ベースでニュートラルということであったが、最近注目されているのは“リスク・バジェッティング（リスク予算）”を使った“スタイルニュートラル戦略”である。

リスク・バジェッティングでは年金基金全体としてとりうるリスク量が、全体ポートフォリオの下ぶれリスクを計量化するバリュー・アット・リスク等により算出され、そのリスク極度額の範囲内で各個別資産にまずリスク量が配分され、次に各個別資産に配分されたリスク量がそれぞれのアクティブマネージャーに配分される。リスク・バジェッティングでは、アクティブマネージャーのとりうるリスク量を予算化し、そのリスク量を最も有効に活用できるマネージャーストラクチャー、マネージャーセレクションが行えることになる。

リスク・バジェッティングの手法を使って、たとえば国内株式全体のリスク許容度を対 TOPIX のトラッキングエラーで２％とした場合、最も効率的なマネージャーストラクチャーは図表３－17のとおりパッシブファンド33.9％、バリューファンド36.3％、グロースファンド20.8％、市場型ファンド9.0％となる。

ここで注目すべきは、一見バリュー偏重にみえるスタイル配分は国内株式に配分されたリスク量（ここではトラッキングエラー２％）を最も有効に使用する最適化計算の結果であり、リスク配分上はバリューファンド、グロースファンドとも42.2％とリスクニュートラルになっていることである。

ところで、運用機関評価において最も困難なのは将来のリターン予測であることは周知の事実であるが、この将来のリターン予測が不確実であることが、リスク・バジェッティングの弱点であることに留意しておく必要がある（図表３－17は今後のリターン予測を期待 IR＝0.5と仮置した結果である）。

これに対して、ゴールドマン・サックス・アセット・マネジメント社から“ハードル情報レシオ”という考え方（2002年３月14日付日経金融新聞、金融フ

[図表3－17]　リスク・バジェッティングによる最適スタイルウェイト

最適リスク配分シミュレーション

ターゲットTEレベルを2.0%とした場合の
最適リスク配分（資産配分）は？

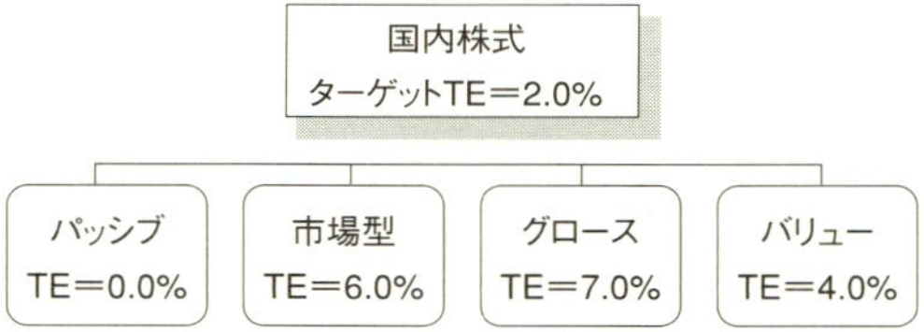

【最適リスク配分計算結果】

期待α	TE	パッシブ	市場型	グロース	バリュー	合計
3.2%	4.9%	0.0%	40.3%	55.2%	4.5%	100.0%
3.1%	4.2%	0.0%	32.9%	48.1%	19.0%	100.0%
2.9%	3.6%	0.0%	25.0%	41.5%	33.5%	100.0%
2.6%	3.0%	0.2%	13.7%	31.3%	54.8%	100.0%
2.2%	2.6%	13.6%	11.2%	26.8%	48.8%	100.0%
2.1%	2.4%	20.8%	10.9%	24.8%	43.5%	100.0%
1.7%	2.0%	33.9%	9.0%	20.8%	36.3%	100.0%
1.3%	1.5%	48.4%	7.1%	16.2%	28.3%	100.0%
	1%	51.4%	6.0%	14.9%	27.6%	100.0%
			1%	14.0%	24.6%	100.0%

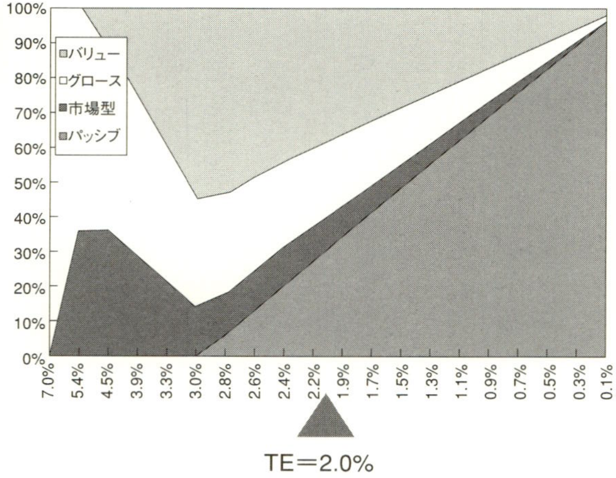

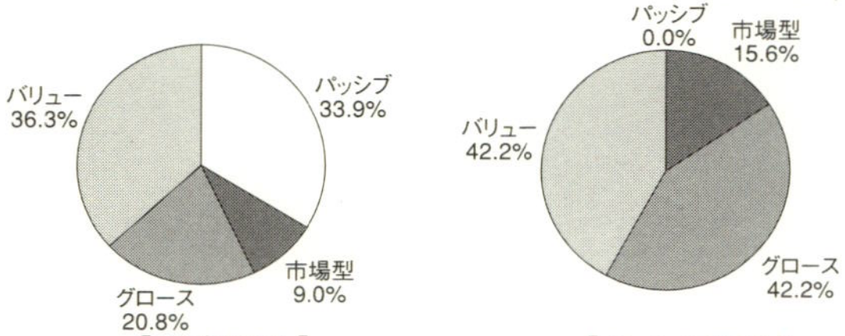

【資産配分】　【リスク配分】

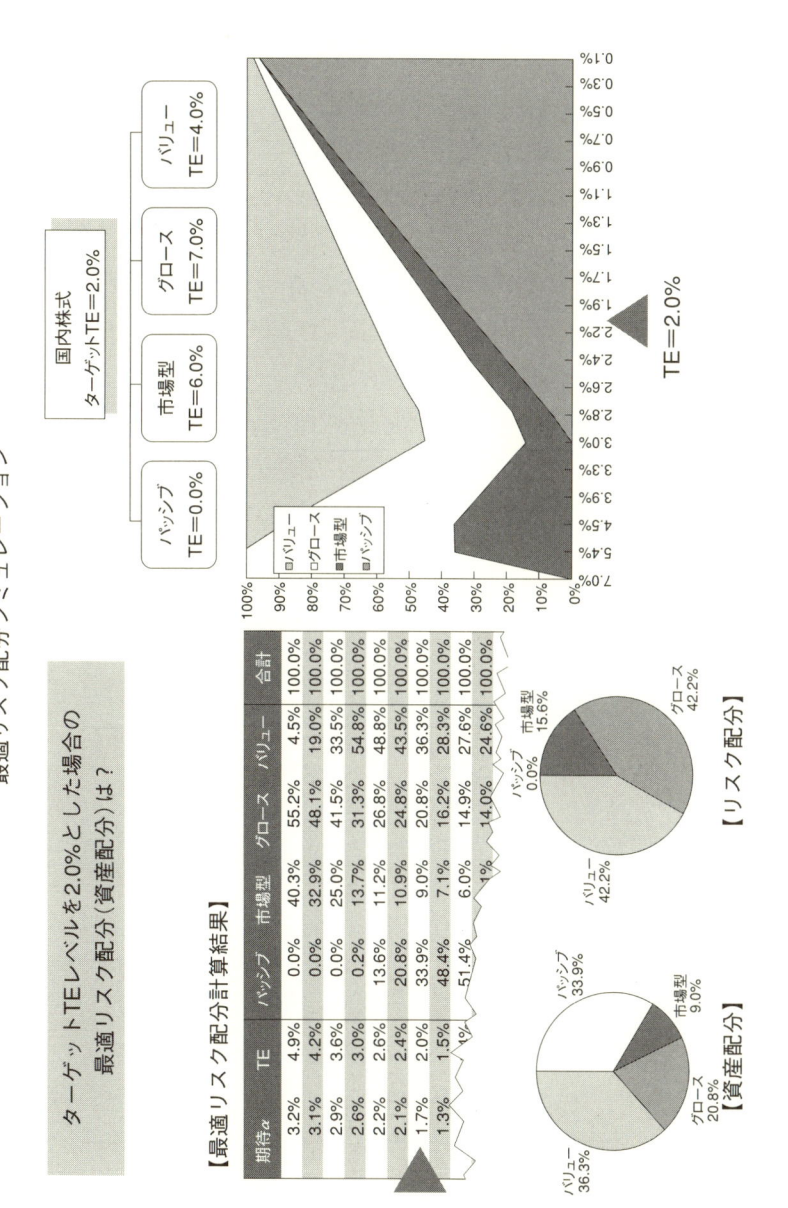

ロンティア欄参照）が提示されたが、これは、あらかじめ設定されたポートフォリオ全体の情報係数（インフォメーションレシオ）を個々のマネージャーに割り振る考え方で、割り振られた数値と運用機関から申告を受けたリスク（トラッキングエラー）に基づき個々の運用機関に求められる（最低限の）期待リターンを算出するものである。しかし、これについてもリターンを予測する必要はないものの、運用機関から申告を受けたリスクに照らして個々のマネージャーに割り振られた最低限のリターンが達成可能かという点で運用機関のスキルを判定する必要があり、従来のアプローチと同様に投資家にとってハードルがそんなに低いわけではない。こうしたアプローチにおいても、リターンや情報係数（インフォメーションレシオ）の検討は必要であるが、ゴールドマン・サックス・アセット・マネジメント社も指摘しているとおり、いかに運用機関間のリターンが低相関となるようなマネージャーストラクチャーを構築できるかという点がポイントとなる。

3. 運用機関選択（マネージャーセレクション）

(1) マネージャー評価

“アルファ戦略”の出口に当たるマネージャーセレクションにおいて、定量評価を重視すべきか定性評価を重視すべきかは、人によって意見が分かれるところであろう。運用機関評価において定性評価の重要性がよくいわれるところであるが、これに対して違和感をもたれ、やはり定量評価（パフォーマンス）が最大のポイントであると思われる人は多いのではないだろうか。

しかしながら、定性評価の重要性を各マネージャーのねらうべき超過収益源泉という観点からみてみると、各マネージャーが意図したリスクテイク（超過収益源泉）から意図したプロセスに従って、リターン（超過収益）を獲得できているかということを見極めるのが定性評価の大きな目的である。一方で、意図した超過収益源泉以外で獲得できた超過収益は、実力というよりは運によるものといえ、今後のパフォーマンスの良さを担保することにはならないということになる。

⑵ 四つのP

ところで、一般的にマネージャー評価のポイントとして“四つのP”（Philosophy、Process、People、Performance。これにPortfolioを加えると五つのP）ということがよくいわれる。これはマネージャー評価にあたりパフォーマンス（Performance）のみに着目するのではなく、それを生み出す投資哲学（Philosophy）・組織体制（People）等との整合性をチェックするのである。言い換えれば、何をもって超過収益源泉とするのかというマネージャーの投資哲学と、その投資プロセス（Process）・ポートフォリオ（Portfolio）は納得性ある整合的なものになっているかというようなことである。

このようなマネージャー評価における定性評価と定量評価の関係をGood and Loveはその著書『Managing Pension Assets』において、次のように述べている。

「パフォーマンスのトラックレコードは、運用マネージャーの技量の評価において決して主たる基準にすべきではなく、定性的な要素を優先すべきである。もし、定性的な要素の分析の結果、マネージャーの技量が優れていると評価できる理由が得られた場合、パフォーマンスも良好であれば最初の評価はさらに根拠のあるものになる。一方、そうでなければ最初の評価は留保される。一般論として、良好なパフォーマンスは運用マネージャーの選択にあたっての必要条件にはなるが十分条件にはならない。運用マネージャーの意思決定プロセスや他の定性的要素に関して際立った長所があるという十分な印象が得られたならば、場合によっては納得できるパフォーマンスがなくても、その運用マネージャーが採用されることはありうる。しかしながら、その逆は決してありえない。運用マネージャーは過去のパフォーマンスを主な理由として採用されるべきではない。」

⑶ リスク・バジェッティングの発想

ところで、運用機関評価においてもリスク・バジェッティングの発想は重要であり、このことはメリルリンチ社とBSCG社の『Success in Investment Management』というレポートに示されている（BSCG社は大手コンサルティ

［図表３－18］　アクティブリスクの予算化
～第２世代と第３世代におけるスタイル管理のイメージ

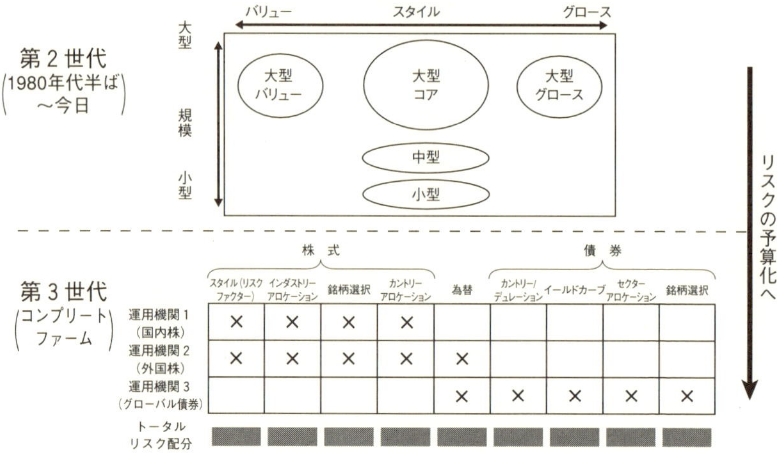

出所：『Success in Investment Management』Merrill & Co., Inc/BARRA Strategic Consulting Group

ング会社であるロジャーズケーシー社および投資分析手法プロバイダーとして有名なバーラ社の系列)。このレポートでは「現在のスタイルカテゴリーはアクティブリスクの構成要素を単純化しすぎている。たとえば“バリュー”は複数の要因にさらされている投資スタイルであるが、このエクスポージャーは同じスタイルカテゴリーでも運用機関によって大きく異なる。運用機関の真のパフォーマンスを正確に測ることは現在幅広く利用され認められているベンチマークではなく、特定のリスク要因に照らしてカスタム化したベンチマークによりはじめて可能になる。運用機関が競争優位性を維持するには、アルファをもたらす潜在的な投資機会を認識してアルファを生み出せる分野に注力し、優位性のない分野は中立性を保つ必要がある」としている（アクティブリスクの予算化という概念。図表３－18参照)。

このアクティブリスクの予算化はまさにリスク・バジェッティングにおけるリスクの有効活用という発想であり、定性評価のポイントである「アクティブマネージャーはねらった超過収益源泉からねらった超過リターンを獲得する必要があり、意図した超過源泉以外で獲得できた超過収益は実力というよりは運であり、今後のパフォーマンスの良さを担保することにはならない」ということに通じる考えである。

運用機関の定性評価を年金基金自身が行うことは、スタッフのそろっている大規模基金であってもむずかしいということで、マネージャーセレクションのため年金コンサルティング会社を採用する年金基金が増加している。

(4) 年金コンサルティング会社の役割

では、オルタナティブ投資のマネージャーセレクションを年金コンサルティング会社は行うのであろうか。

現時点では、年金コンサルティング会社の対応はまちまちといった状況である。しかし、対応方針の違いが顕著なのは外資系年金コンサルティング会社の2社で、一方は、ヘッジファンドを中心にプライベート・エクイティから天然資源に至るまで積極的な提案を行っているが、他方は、たとえばヘッジファンドについては、マネージャー数が多くすべてを調査することは不可能との考えから原則的にはコンサル業務の対象外にしていて、トピック的に興味をもったヘッジファンドのみをヒアリング対象としているようである。

ところで、オルタナティブ投資に積極的な一方の年金コンサルティング会社も、オルタナティブ投資のなかでも相対的に流動性が高く時価評価が容易なヘッジファンドを中心にパブリックマーケット投資を優先的に提案している。これに対して日系コンサルティング会社は、伝統的資産のような推薦は行わず、年金基金から照会があればマネージャーの評価について参考意見を提出するにとどまるというケースが多いようであるが、これには次のような事情もあると推測される。

オルタナティブマネージャーは、たとえばヘッジファンドマネージャーだけでも世界に6,000～7,000社近くあるといわれており、伝統的マネージャーとは比べものにならないほど数が多い。このように膨大な数にのぼるマネージャーのなかから年金コンサルティング会社のリサーチで優秀なマネージャーを選択することは物理的に困難であり、属人的な関係が重視されるマネージャーすべてに密度の濃いコンタクトをとることはむずかしい。また、オルタナティブ投資は、市場規模の大きい伝統的資産に比べ運用残高に制限があるため、優秀なマネージャーであればあるほど受託残高に上限を設けているケースが多く、このため１マネージャー当りの受託金額が限られることから数多くの年金基金宛に推薦することはむずかしい。

⑸　ゲートキーパーの活用

こうしたなかで、年金コンサルティング会社でも物理的にむずかしいヘッジファンドのマネージャーセレクションを的確に効率的に行うためにはファンド・オブ・ファンズ、ゲートキーパーの有効活用は欠かせない。

先に述べたように、ヘッジファンドは、マネージャーごとのパフォーマンス格差の大きさに加え、ロング・ショート、グローバル・マクロ、マージャー・アービトラージ（買収合併裁定取引）といった投資手法（これを“セクター”と呼ぶ）によるパフォーマンス格差が大きい。したがって、ヘッジファンド投資にあたっては、こうしたマネージャーリスク・セクターリスクを分散するために複数のマネージャー・セクターを組み合わせてポートフォリオを構築するファンド・オブ・ファンズが有効で、このファンド・オブ・ファ

[図表３－19]“ベータ戦略”“アルファ戦略”のイメージ

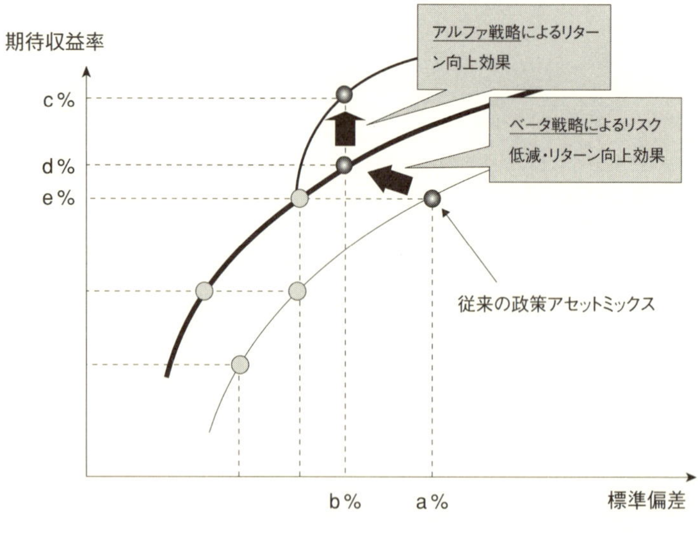

ンズにおけるファンドの選定・スキーム管理のスペシャリストがゲートキーパーにほかならない。

これまで“運用の下ぶれリスク問題”を解決するためのオルタナティブ投資活用法を“ベータ戦略”“アルファ戦略”として述べてきたが、これをイメージ化すると図表３－19のとおりとなる。

次節において、年金基金関係者が頭を痛めているもう一つの大きな問題である“PBO 問題”を解決するためのオルタナティブ投資活用法について述べることにしたい。

第4節 PBO 問題解決のためのオルタナティブ投資の活用法

1. 確定給付年金制度とキャッシュバランスプラン

(1) 企業会計上の問題

退職給付会計が導入され企業の退職給付債務が PBO（予測給付債務；Projected Benefit Obligations）ベースでオンバランス化されるようになると、母体企業は予定利率という固定的な割引率を用いて算出される年金財政上の数理債務よりも、むしろ、企業会計上の PBO をより強く意識するようになってきた。PBO は、将来の給付見込額を10年国債の過去５年平均利回り等を使用した割引率で現在価値に換算したものであるが、企業は PBO と年金資産の差額（いわゆる、未積立債務）を企業会計上、負債認識（引当処理）しなければならない。ここで、企業は「金利変動による PBO のぶれ」と「運用環境の変動による年金時価資産のぶれ」の双方に悩まされることとなるが、いま、この負債認識額（引当処理額）は“リスク性負債”とみなされ始めている。

リスク性負債とは経済環境・金利環境により変化する負債のことであり、

いったん処理したはずの負債が経済環境・金利環境により再度発生することがあるため厄介な存在である。この典型的なものが近年日本において社会問題化している“不良債権問題”である。

(2) 年金債務の増大

日本における退職金制度は、通常、「退職時の給与（退職金算定基礎給）」に「勤続年数に応じて定められた一定率」を乗じて算出され、この退職金制度の全部または一部を移行した確定給付年金制度（Defined Benefit）が一般的な企業年金制度である。

確定給付年金制度では将来の支払額が確定しているため、これを現在価値に割り戻してくる割引率（PBO 割引率）が変動すれば当然ながら年金債務額も変動する。このPBO 割引率低下による年金債務の増大が、年金基金関係者の大きな悩みの種となっている。

[図表3－20]　米国（年金制度残高トップ1,000の年金基金）におけるDBプラン、DCプランの取組状況

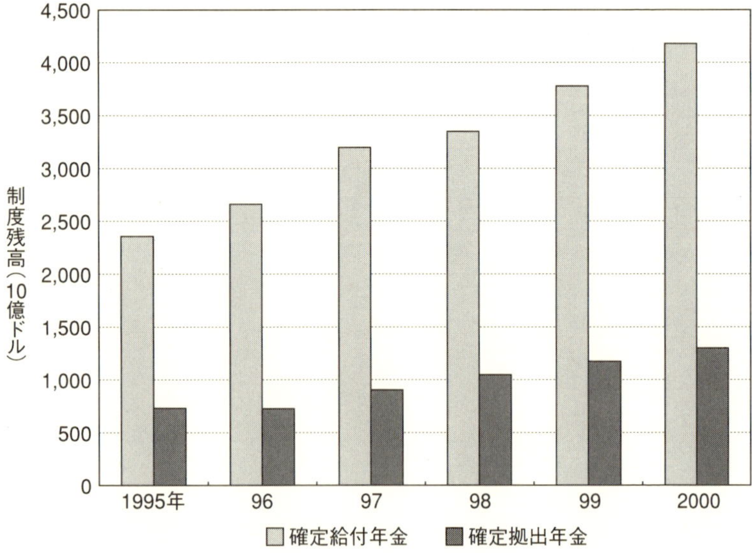

出所：Pensions & Investments

この悩みを解決するために退職金の前払い化（給与化）、確定拠出年金制度（Defined Contribution）等の導入を検討・実施する企業は多いが、年金先進国である米国でもそうであるように、日本においても今後とも確定給付制度が年金制度において主たる役割を担うことは間違いないものと思われる（図表3－20参照）。

PBO割引率低下による確定給付年金制度の年金債務の増大を和らげることができる制度として関心が高まっているのが、確定給付型ではあるものの確定拠出型の長所も取り入れた混合型（ハイブリッド）である“キャッシュバランスプラン”であり、このキャッシュバランスプランの運用において伝統的資産と並び重要な役割を果たすのがオルタナティブ投資である。

(3) キャッシュバランスプランの台頭

キャッシュバランスプランは図表3－21にあるように、給付額の決定要素として「金利」や「物価指数」などの経済変動要素を取り入れるもので、一見、確定給付制度ではないように思われるが、給付額を決定するための基準が存在するため確定給付制度として位置づけられている。

確定給付を「給付額が確定している制度」として理解している人は多いと

[図表3－21] キャッシュバランスプランのイメージ

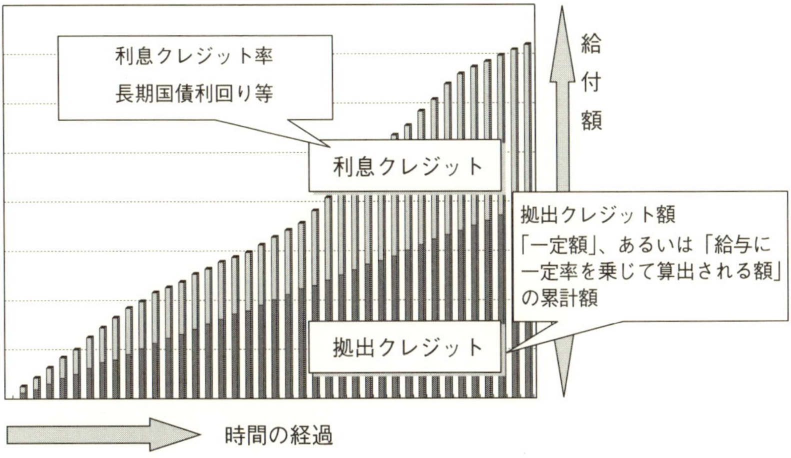

思われるが、前述の退職金制度も退職時の乗率は確定していても退職時の給与は確定していないため、給付額そのものは現時点では確定していない。つまり、「給付額が算定式等で定義づけされている制度」というのが確定給付年金制度の正しい理解である。

キャッシュバランスプランの給付額は、“拠出クレジット”と“利息クレジット”の合計額で決定される。拠出クレジットは勤続年数・加入年数等に応じて「一定額」あるいは「給与に一定率を乗じて算出される額」が毎年各人に付与され、利息クレジットは長期国債利回り（もしくは定率）を、前年までのクレジット合計額（拠出クレジット＋利息クレジット）に乗じて算出される。

こうした、キャッシュバランスプランは、日本においては確定給付企業年金法の施行および厚生年金基金制度における規制緩和（2002年４月１日）を機に「確定給付企業年金法下の規約型・基金型の年金制度」あるいは「厚生

[図表３－22]　キャッシュバランスプランの給付額変動イメージ

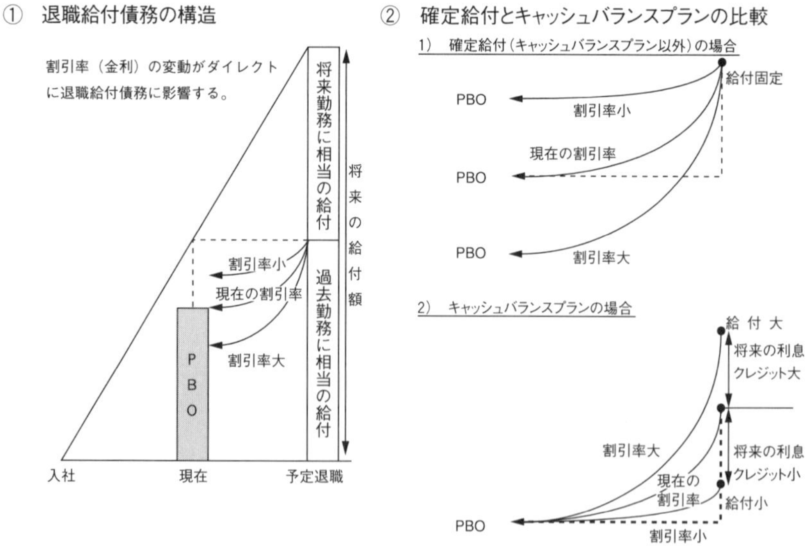

仮に、退職給付債務の割引率と正の相関で連動する指標にて給付（利息クレジット）を規定（定義）していれば、上図のように割引率の変化と並行して将来の給付額が変化するので、割引率の変化による退職給付債務額への影響をある程度回避する効果を得る（金利変化に対する免疫効果）。

年金基金制度」において新たに導入が可能となった。なお、米国のキャッシュバランスプランでは、利息クレジット算出のための「一定率」として、長期国債利回りのほかにCPI（消費者物価指数；Consumer Price Index）等の客観的な指標をベースに決定することが認められているが、日本では、長期国債利回りのほかに「定率」という基準はあるものの、現状においてCPI基準の採用は認められていない。

確定給付年金制度とキャッシュバランスプランを比較すると図表３－22にあるように、従来の確定給付年金制度では金利の変動（退職給付債務算出に用いられるPBO割引率の変動）によりPBOが大きくぶれることになるが、給付額の算定に金利の概念を取り入れたキャッシュバランスプランでは金利の上下によるPBOのぶれが抑制される。

つまり、金利低下局面では従来の確定給付年金制度同様にPBOが増大する一方、金利低下により将来分の利息クレジットの増加が抑えられることにより給付見込額そのものが減少するため、全体としてPBOの変動が抑えられることになる。キャッシュバランスプラン導入によるPBO変動リスクの低減効果をモデルケースで検討すると、PBO割引率が３％から２％に低下した場合、残存勤務年数20年のポイントでみると、確定給付年金制度ではPBOが20％強増加するが、キャッシュバランスプランではPBOの増加は５％程度に抑えられることになる。これがいま、金利低下によるPBO増大という問題に悩まされている年金基金関係者にキャッシュバランスプランが注目されている理由である。

では、これからキャッシュバランスプランにふさわしい年金運用について考えてみたい。

2.　キャッシュバランスプランにおける年金運用

(1)　キャッシュバランスプランの問題点

キャッシュバランスプランは給付額の決定要素に長期国債利回りをベースとした金利要素を取り入れているため、金利変動によるPBO変動が抑えられることはすでに指摘したとおりである。このようにキャッシュバランスプランの負債構造は金利属性をもっているため、以下の問題点はあるものの負債と資産のマッチングを考えれば、運用面では債券運用がベストな選択といえる。

* 年金負債に見合うような超長期の残存期間をもった債券が存在しないため、負債の金利変動を十分にヘッジすることが困難である。
* 退職給付会計におけるPBO割引率は足元の長期金利ではなく10年物国債の5年平均利回り等を用いるため、足元の金利構造で評価される債券ポートフォリオとは期ずれギャップが生じる（退職給付債務の計算における割引率の設定方法については、日本公認会計士協会による「退職給付会計に関する実務指針（中間報告）」で示されており、この指針に従い実務上では10年物国債の5年平均利回りが一般的な割引率指標となっている。しかし、実務指針での記載は、長期債の定義、過年度平均値の考え方を一律に定義しておらず、個々の会社ごとの実態に沿った適正な割引率設定が認められるものと解され、実際に長期国債の過去1年平均利回りを割引率として選択している企業も存在する）。
* 今後、金利が上昇すると仮定すると、資産サイドの債券ポートフォリオは足元の金利上昇により評価損が発生するが、一方、5年平均であるPBO割引率の低下により負債は増大し、負債と資産のギャップが発生する。
* 負債の変動を完全にヘッジする債券ポートフォリオを構築できたとしても、現在の超低金利下で運用を固定化することは母体企業に予定利率との間に生じる多大な負担（債券ポートフォリオと予定利率との差である利差損）を強いることになる。

⑵ 問題解決のためのオルタナティブ投資の活用

「金利上昇による債券ポートフォリオの評価損発生懸念」、「超低金利下において年金運用を債券で固定化することによる予定利率との利差損確定という問題」を解消しようとすれば、株式のもつアップサイドポテンシャルを活用すればよいということになるが、一方で株式は運用の下ぶれリスクを発生させる。このキャッシュバランスプランにおける運用問題解決に重要な役割を果たすのがオルタナティブ投資なのである。

キャッシュバランスプランにおけるオルタナティブ投資の活用法には二つのアプローチがある。一つは債券代替資産としてオルタナティブ投資を活用するアプローチと、もう一つはアップサイドポテンシャルに期待して株式を組み入れる場合に、株式の下ぶれリスク対応としてオルタナティブ投資を活用するアプローチである。

a.　債券代替資産として

債券代替資産としてオルタナティブ投資を活用するアプローチでは、たとえば、債券100%のポートフォリオにリターン向上をねらってヘッジファンドを組み入れるというパターンになる。ここで、組み入れられるのは基本的には低リスクタイプのファンド・オブ・ファンズとなる。現在一般的に使われている国内債券の期待収益率は0.4%程度、標準偏差は3～4%程度が多いが（図表3－23）、たとえばFRM社のローリスクタイプの円アービトラージファンドの目標リターンは短期金利＋4～6%（現状では絶対リターンで4～6%）、標準偏差は5%以下（1998年11月～2002年3月における実績値は2.99%）となっており、円アービトラージファンドは国内債券と同等程度のリスクで、それをかなり上回るリターンの獲得が期待できることになる。

［図表3－23］　信託銀行の国内債券の金融変数（2002年度）

	期待収益率	標準偏差
三　菱	0.42%	3.75%
住　友	0.30%	3.00%
みずほ	1.00%	3.90%
三井アセット	0.10%	3.90%
UFJ	0.20%	2.30%
大和銀	0.40%	4.50%
平　均	0.40%	3.56%

※みずほは今後5年間の期待収益率

出所：「年金情報」（2002.4.1、No.291）より作成。

b.　株式のリスク対策として

株式のアップサイドポテンシャルに期待するアプローチでは、たとえば、債券100%のポートフォリオに株式を組み入れ、その株式に対するダウンサイドリスク抑制のためヘッジファンドを組み入れるというパターンになる。ここで株式を補完するために組み入れられるのは、基本的にはミドルリスクタイプのファンド・オブ・ファンズとなり、FRM社でいえば円ダイバーシファイドファンドとなる。円ダイバーシファイドファンドの目標リターンは短期金利＋６～８％（現状では絶対リターンで６～８％）、標準偏差は８％以下であり、国内株式と同等のリターンを３分の２のリスクで獲得できることになり、国内株式のダウンサイドリスク抑制に役立つことがわかる。

3.　ま　と　め

本章において日本の年金基金にとって“運用の下ぶれリスク問題”と“PBO問題”の二つが大きな問題であることを指摘し、いずれの問題の対応においてもオルタナティブ投資の活用がポイントとなることを述べた。“運用の下ぶれリスク問題”の解決にあたっては政策アセットミックスを決定する“ベータ戦略”と実際のマネージャーを選択する“アルファ戦略”があり、“ベータ戦略”“アルファ戦略”双方においてオルタナティブ投資を活用することが重要であることを解説した。また、もう一つの問題である“PBO問題”にはキャッシュバランスプランが有力な解決策となり、このキャッシュバランスプランの運用にもオルタナティブ投資が活用できることもわかっていただけたものと思う。

第 4 章

ゲートキーパーの選定と
オルタナティブ投資の実践

第1節 ゲートキーパーの選定

2001年11月に発覚した米エネルギー大手エンロンの粉飾決算は、企業が開示する決算情報に対する投資家の不信感を募らせ、米同時多発テロ以降順調に回復してきた株式市場は冷水を浴びせかけられることになった。そうしたなかで、多くのヘッジファンドはエンロンの株式を事前に売持ちしていたと聞く。

ヘッジファンドは、個別銘柄を広くカバーする必要がなく、自分の得意分野にターゲットを絞り、銘柄選定能力をフルに発揮できるというメリットがあることから、たとえばバランスシートが脆弱な企業が売られるような相場局面においては、伝統的資産運用よりもヘッジファンドのほうが高い成果が期待できる。このように、ヘッジファンドは得意分野を絞り込んだスペシャリストであるがゆえに適材適所がポイントになるが、特定の戦略を得意とする“シングルファンド”(単一戦略ファンド)を選定するか、あるいはゲートキーパーらが提供するシングルファンドの集合体である“ファンド・オブ・ファンズ”を選定するかは投資家に委ねられることになる。

したがって、投資家はヘッジファンドの投資戦略への理解やマネージャーのスキル判定と同時に、“シングルファンド”と“ファンド・オブ・ファンズ”のメリット・デメリットを把握しておく必要がある。伝統的資産運用には、債券や株式に特化した「特化型」とそれらを一定比率で組み合わせた「バランス型」という二つの代表的な運用形態があるが、そうした「特化型」や「バランス型」のメリット・デメリットは、ほぼヘッジファンドのケースにもあてはまる。

本節では、“ファンド・オブ・ファンズ”のメリット・デメリット(つまり、“シングルファンド”のデメリット・メリット)をあげたうえで、ゲートキーパーの選定方法を解説する。

1.　ファンド・オブ・ファンズのメリットとデメリット

(1)　メリット

ファンド・オブ・ファンズのメリットは、ゲートキーパーによるシングルファンドの選定、ポートフォリオの構築、マネージャーおよびポートフォリオのモニタリングといったヘッジファンドのPLAN-DO-SEEという投資プロセスを通じて投資家に“付加価値”を提供できるという点にある。

a.　分散投資の効用

ここでいう“付加価値”とは、一つは、これまで幾度となく強調してきた分散投資の効用で、第1章図表1－4で示したリターンの向上とダウンサイドリスクの抑制による運用効率の向上にほかならない。図表4－1は、ヘッジファンドの投資スタイル別のリターン推移を表しているが、特定の戦略が勝ち続けることはなく、かといって負け続けることもなく、将来のリターンを予測することは非常に困難であることがわかる。これは、伝統的資産運用におけるスタイル分散という考え方をヘッジファンドにも適用できるということを示唆している。

また、ヘッジファンドの投資スタイル間の相関は、伝統的資産運用（ここではグロースポートフォリオの代表格といえる投資信託）のそれに比べてはるかに低く、十分に分散された株式ポートフォリオ並みと、分散投資のメリットが大きいことを表している（図表4－2参照）。実際、第2章の図表2－42で示したとおり、15～20社をファンドに組み入れることによってシングルファンド（1社）の場合の2.5倍（シャープ・レシオが0.4から1.0へと改善）程度の効果が得られることがわかる。

b.　投資プロセスのアウトソーシング

もう一つの“付加価値”は、マネージャー選定、ポートフォリオの構築、モニタリングというヘッジファンドの投資プロセスそのものをアウトソーシングできる点で、これについては、機関投資家、特に年金基金に求められる

[図表４－１]　ヘッジファンドの投資スタイル別のリターン推移

	1994年	1995	1996	1997	1998	1999	2000	2001
1	Dedicated Short Bias 14.91%	Global Macro 30.70%	Emerging Markets 34.48%	Global Macro 37.11%	Managed Futures 20.66%	Long-Short Equity 47.22%	Convertible Arbitrage 25.65%	Global Macro 18.38%
2	Emerging Markets 12.50%	Long-Short Equity 23.03%	Global Macro 25.60%	Emerging Markets 26.57%	Long-Short Equity 17.19%	Emerging Markets 44.83%	Dedicated Short Bias 15.77%	Convertible Arbitrage 14.58%
3	Managed Futures 11.95%	Hedge Fund Index 21.68%	Event Driven 23.04%	Hedge Fund Index 25.92%	Equity Market Neutral 13.32%	Hedge Fund Index 23.43%	Equity Market Neutral 14.98%	Event Driven 11.49%
4	Event Driven 0.75%	Event Driven 18.36%	Hedge Fund Index 22.22%	Long-Short Equity 21.46%	Hedge Fund Index −0.36%	Event Driven 22.26%	Global Macro 11.69%	Equity Market Neutral 9.30%
5	Fixed Income Arbitrage 0.33%	Convertible Arbitrage 16.55%	Convertible Arbitrage 17.87%	Event Driven 19.97%	Global Macro −3.63%	Convertible Arbitrage 16.03%	Event Driven 7.24%	Fixed Income Arbitrage 8.03%
6	Equity Market Neutral −2.02%	Fixed Income Arbitrage 12.48%	Long-Short Equity 17.14%	Equity Market Neutral 14.82%	Convertible-Arbitrage −4.42%	Equity Market Neutral 15.32%	Fixed Income Arbitrage 6.29%	Emerging Markets 5.85%
7	Hedge Fund Index −4.35%	Equity Market Neutral 11.04%	Equity Market Neutral 16.60%	Convertible Arbitrage 14.48%	Event Driven −4.87%	Fixed Income Arbitrage 12.10%	Hedge Fund Index 4.84%	Hedge Fund Index 4.41%
8	Global Macro −5.70%	Managed Futures −7.90%	Fixed Income Arbitrage 15.93%	Fixed Income Arbitrage 9.35%	Dedicated Short Bias −5.99%	Global Macro 5.81%	Managed Futures 4.25%	Managed Futures 1.92%
9	Convertible Arbitrage −8.06%	Dedicated Short Bias −7.37%	Managed Futures 11.98%	Managed Futures 3.11%	Fixed Income Arbitrage −8.16%	Managed Futures −4.70%	Long-Short Equity 2.08%	Dedicated Short Bias −3.58%
10	Long-Short Equity −8.10%	Emerging Markets 16.90%	Dedicated Short Bias −5.48%	Dedicated Short Bias 0.43%	Emerging Markets −37.66%	Dedicated Short Bias −14.22%	Emerging Markets −5.51%	Long-Short Equity −3.67%

出所：「オルタナティブ投資の定量的リスク管理」（2002年３月11日、野村グローバル・ペンションサミット、野村証券金融研究所）

[図表４－２]　伝統的資産間とヘッジファンド間の相関係数、12四半期ローリング

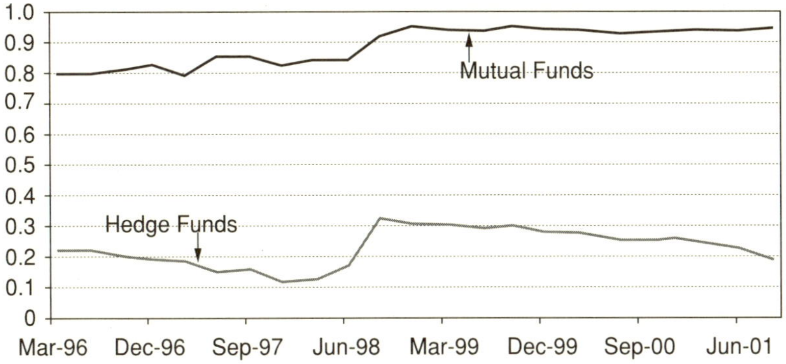

出所：Morgan Stanley Quantitative Strategies December 2001に基づき作成。

受託者責任に照らして考えてみると、その効用の大きさを理解することができる。

従来、代表的な機関投資家である年金基金には、5332規制（安全資産の組入れを５割以上、国内株式を３割未満、外貨建証券を３割未満、不動産を２割未満とする資産配分にかかわる規制）をはじめ多数の規制が課せられていたが、そうした規制は1999年４月に事実上完全撤廃されるに至り、それ以降、年金基金には自己責任に基づいた運営が求められることになった。

そこで注目されてきたのが受託者責任という概念で、米国ではエリサ法に規定されているが、日本では民法644条の委任に関する規定がそれに近い概念である。委任とは、「ある者が一定の法律行為（契約等）や事務を行うことを他人に委託することで、委任された者は、委任の趣旨に従って善良なる管理者の注意をもって委任事務を処理する義務を負う」という概念で、受託者責任とは、「ある地位や職責にある者に求められる一般的な水準の知識に基づいて十分な注意を職務遂行上払うという注意義務と、第三者の利益をいっさい考慮に入れず受益者の利益のみに専念して義務を遂行するという忠実義務から構成される」ものである。

ヘッジファンドのような、マネージャーのスキルに大きく依存し、かつ特有のリスクを抱えているオルタナティブ投資の場合は、投資家に伝統的資産

に求められる以上の受託者責任が課せられているといっても過言ではない。したがって、年金基金にしてみれば、ファンド・オブ・ファンズへの投資はヘッジファンドの投資プロセスをアウトソーシングできるという点で効用は大きい。

また、このほかに一般向けには投資資金の募集をストップしてしまったトップマネージャーの投資枠を優先的に確保できる点や、シングルファンドの調査・選定にかかわるコスト、(ファンド・オブ・ファンズは合同運用形態であることから) 小口資金の分散投資が可能といった実務面でのメリットも大きい。

(2) デメリット

一方、ファンド・オブ・ファンズのデメリットとしては、透明性、流動性、および報酬体系の3点があげられる。

a. 不十分な透明性

透明性は、たしかに伝統的資産運用との比較では十分とはいえない部分もあろうが、筆者が米国のゲートキーパー数社にヒアリングしたところ、1998年のLTCM社の破綻を機に多くのヘッジファンドマネージャーが積極的に情報開示を行う姿勢に変化してきているようである。しかし、第2章であげた"ヘッジファンド主義"的な考え方があるのも事実であり、透明性が必ずしもファンドの運用効率の向上に資するものではないと考えるゲートキーパーは、ポートフォリオ全体のリスク評価を行うなど徹底したデュー・ディリジェンスを行ったうえでファンド・オブ・ファンズへの組入れを行っている。

これについて、米国大手運用会社で最も成功しているといわれているヘッジファンド部門のマネージャーは、「ヘッジファンドのトータルリスクはポートフォリオが有するリスクとレバレッジによって規定される。個別銘柄情報の開示を求めるよりも、ポートフォリオのどの部分でリスクをとっているかを把握することが重要。また、マーケット・ニュートラル戦略以外は特定のアセットクラスとの感応度を把握しておくことがポイント」と筆者に指摘していた。加えて、ファンド・オブ・ファンズに組み入れられるすべてのマネージャーが個別銘柄等の情報開示を拒むわけではないことから、シングルファンドとの透明性の格差は思ったほど大きくないといえる。

b.　不十分な流動性

流動性の欠如については、一概にファンド・オブ・ファンズのデメリット、つまり、シングルファンドのメリットといえない面もある。たとえば、伝統的資産を用いたレラティブ・バリューに分類されるマーケット・ニュートラル戦略や、セキュリティ・セレクションに分類されるロング・ショート戦略との比較では、ファンド・オブ・ファンズよりもシングルファンドのほうが流動性が高いケースもあるが、シングルファンドといってもスペシャリスト・クレジットに分類される破綻企業の債券等に投資するディストレスト戦略など、決して流動性が高いといえないケースもある。

c.　ダブル・フィー・ストラクチャー

ファンド・オブ・ファンズの報酬体系のデメリットとしては、シングルファンドレベルとゲートキーパーレベルの2段階で運用報酬が徴求される構造、つまり“ダブル・フィー・ストラクチャー”が指摘されている。しかし、シングルファンドは個別戦略におけるリターンのみを追求し、ゲートキーパーはシングルファンドの選定、ポートフォリオ構築、モニタリングを通じてポートフォリオ全体の運用効率の向上を図るといった役割を担っていることから、第2章で述べたシングルファンドの選定にかかわるデュー・ディリジェンスのコストを考えると、ファンド・オブ・ファンズのデメリットとして指摘されているこのような報酬体系も、ファンド・オブ・ファンズ採用によるリスク分散効果と投資プロセスのアウトソーシングの対価と整合的であれば納得できるものといえる。

シングルファンドとファンド・オブ・ファンズのメリットとデメリットを図表4－3に整理しているが、流動性や透明性の格差が大きくないことを考慮すると、ファンド・オブ・ファンズの報酬は、ヘッジファンドの分散投資および投資プロセスのアウトソーシングの対価になっていることがよくわ

［図表4－3］　シングルファンドとファンド・オブ・ファンズの比較

	分散投資	投資プロセスのアウトソーシング	流動性	透明性	報酬体系
シングルファンド	×	×	△	○	○
ファンド・オブ・ファンズ	○	○	△	△	△
コメント	明らかにファンド・オブ・ファンズのほうが有利	明らかにファンド・オブ・ファンズのほうが有利	どちらが有利とはいえない	シングルファンドのほうが有利なものの、その差は小さい	ファンド・オブ・ファンズのほうが報酬が高いが、その分、付加価値が認められる

かる。

つまり、シングルファンドとファンド・オブ・ファンズそのものに優劣はなく、投資家、特に年金基金にとっては遂行可能な受託者責任のレベル（いわゆる“ガバナンスレベル”）に応じて、どのような運用形態を選定するかという問題に帰着する。

2.　ゲートキーパーの選定

⑴　ゲートキーパーの存在意義

第2章ではゲートキーパーによるシングルファンドの選定プロセスを紹介したが、本項では投資家がファンド・オブ・ファンズに投資する場合、どのようにゲートキーパーを選定したらよいかという点について説明する。

先に述べたように、単一戦略を採用し、いわばハイリスク・ハイリターンを追求するならばシングルファンドのほうが優れているが、リスクも考慮した運用効率の向上を目指すにはファンド・オブ・ファンズを活用しヘッジファンドに分散投資するほうが優れている。また、流動性・透明性・報酬体系という点でそれぞれに違いはあるが、なんといってもファンド・オブ・ファンズのメリットは、投資家にかわってゲートキーパーがヘッジファンド投資を実践してくれるという点であろう。

明確な統計はないが、世界には6,000～7,000社ものヘッジファンドマネージャーが存在するといわれている。このような、数あるヘッジファンドマネージャーのなかから投資家自身で優秀なマネージャーを選定することは物理的に困難で、また、属人的な関係が重視される欧米系のマネージャーと濃密なコンタクトを取り続けることは非常にハードルが高いため、徹底的なデュー・ディリジェンスを踏まえて、マネージャーセレクション能力やファンド構築能力の高いゲートキーパーを採用し、ヘッジファンド投資を実践することのほうが現実的な対応といえよう。

⑵ 選定ポイント

住友信託銀行では企業年金分野におけるゲートキーパー機能をFRM社にアウトソーシングし、FRM社のプロダクトを年金信託契約を通じて提供しているが、本項では住友信託銀行がFRM社を選定した際のポイントを列記する。

a. 独立系かプライム・ブローカー系か？

ヘッジファンドは、ファンドマネージャーが運用会社から独立して設立されるケースが多いが、その際、特定の証券ブローカーがオフィス・情報端末・証券事務といったいっさいの運用インフラを提供するなど、ヘッジファンド会社の設立から運営全般をサポートするケースがある。そうした、特定のブローカー（プライム・ブローカー）と親密な関係にあるヘッジファンドを“プライム・ブローカー系ヘッジファンド”と呼ぶ。

プライム・ブローカーのねらいは、発注・融資・貸株といった業務を通じて各種手数料を得ることであり、ヘッジファンドマネージャーもファンドにとっての最良執行という観点よりもプライム・ブローカーとの取引を優先する傾向が強くなるおそれがあり、投資家やゲートキーパーとの利益相反が生じる可能性がある。また、ゲートキーパー自身もプライム・ブローカー系というケースは、すべての取引がグループ内で完結することになるので、その

[図表4－4] ヘッジファンドにおける関係者の相関図

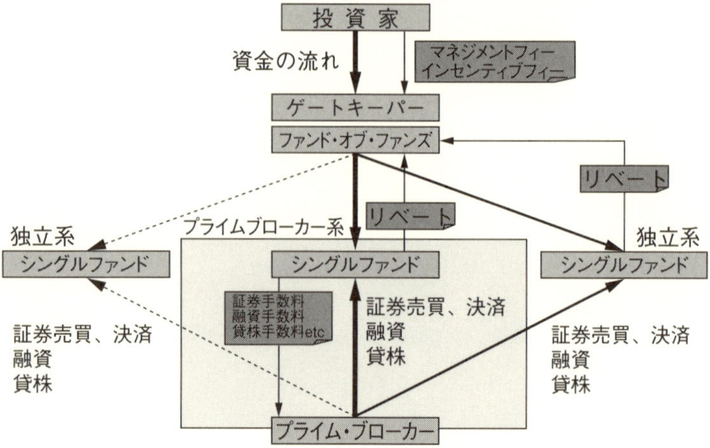

場合は利益相反の可能性はさらに深刻なものになる。

米国有力ゲートキーパーのマネージャーも、「投資銀行系列等の大手ヘッジファンドマネージャーのなかにはアドミニストレーション（資産管理）の質が悪い先もあるので、独立系ヘッジファンドマネージャーを選定するようにしている」と筆者にコメントしているが、独立系といえども、運用資産の獲得をねらいゲートキーパーに対してリベートを支払うケースがある。この場合も、投資家に対して最適なヘッジファンドを提供するという観点よりも、ゲートキーパー自身の収益拡大に資するようなマネージャーセレクションが実施される可能性がある（図表4－4参照）。

独立系のゲートキーパーやヘッジファンドは、投資家にとって最適なプロダクトを提供するという点でカスタマー・オリエンティッドな対応の可能性が高まる。ところで、英FSA（Financial Services Authority；金融サービスおよび金融市場法に基づく非政府規制機関）に登録されているゲートキーパーやヘッジファンドは、仮にブローカー等からリベートを受領した場合でも、それを投資家に還元するよう義務づけられていることから、そうした点は担保されていることになる。

このように、ゲートキーパー選定にあたっては“独立系であること”が少なくとも利益相反を回避する観点から望ましいわけであるが、ゲートキーパーによって選定されるヘッジファンドマネージャーについても同じことがあてはまる。

以上のように、ゲートキーパーの選定にあたっては、独立系というセグメントのなかで最も スキルの高いゲートキーパーを選定することが望ましいことになる。

b.　高いスキル

次のステップとしては、ゲートキーパーの業務内容に照らし、情報力・分析力・ポートフォリオ構築能力という点がポイントになる。

①　情報力

まず、情報力については、定量面と定性面からのチェックが必要とされる。定量面ではゲートキーパーのデータベースをチェックすることになるが、膨大な数にのぼるヘッジファンドを包括的かつ多様な切り口で分析が行えるデータベースを構築していることがポイントになる。住友信託銀行が調査した時点では、選考に値すると考えたゲートキーパーは各社とも少なくとも2,000社以上のヘッジファンドのデータベースを有していた。そうしたデータベースは、ゲートキーパーによる独自調査と自社開発が望ましいが、外部のデータプロバイダーを利用しているところも多い。

ここで問題になるのは、外部データには不正確または不完全なものが含まれているケースがあるということで、サバイバル・バイアスの存在によってデータベースは年率＋２～＋３％程度歪んでいる可能性が指摘されている(図表４－５参照)。こうしたサバイバル・バイアスの存在は、マネージャーセレクションそのものには影響はないものの、伝統的資産との関係やヘッジファンドのアセットアロケーションを検討する際には大きな影響を及ぼすことになる。

定性面については、ヘッジファンドマネージャーとの面談頻度や、その結果としてのアナリストレポートの質や量がチェックポイントとなる。ゲート

[図表4－5]　サバイバル・バイアス

	生き残りファンド①	消滅ファンド	全ファンド②	サバイバル・バイアス①－②
レラティブ・バリュー	11.70%	△3.70%	9.30%	2.40%
グローバル・マクロ	13.50%	8.50%	13.30%	0.20%
グローバル・ヘッジ・エクイティ	25.70%	5.50%	22.80%	2.90%
イベント	13.90%	1.20%	12.60%	1.30%
米国株	32.20%	7.40%	29.70%	2.40%
通　貨	5.60%	△3.30%	1.80%	3.80%

出所：Lehman Brothers Nov2001、1998年1月～2000年6月。

キーパーの生命線はリサーチのクォリティで、常に、ヘッジファンドの最新情報を把握し、更新しておくことが必要とされている。ちなみに、ゲートキーパーによるヘッジファンドマネージャーに対する業界の平均的な面談件数は、年間400～500件程度といわれている。

② 分析力

分析力については、分析プロセスと分析システムがポイントとなる。まず、分析プロセスについては、伝統的資産と同じように定性評価がポイントとなる。ヘッジファンドのような複雑なポジションをもつ運用スタイルを解明するには、ヘッジファンドの実務に精通している必要があり、ヘッジファンドや少なくとも投資銀行等の資産運用業界出身者であることが望ましい。また、運用モデルを使うクォンツタイプのヘッジファンドについては、ゲートキーパー側も同じような運用モデルを構築し、ヘッジファンドのパフォーマンスを予測するような定量アナリストを配置していることが望ましい。これは、クォンツモデルの良し悪しを定性的に判断するだけではモデルの効果が低下した場合に何が問題なのかを把握することが困難であるからで、それに備えるものである。

また、分析システムは、データベースと連動した分析機能をもっていることが望まれる。FRM社の場合は、標準偏差、ダウンサイド・ディビエーションといったリスク、絶対リターンや競合他社のヘッジファンドとの相対リターンがチェックできるといった多岐にわたる切り口でヘッジファンドを分析することが可能で、ファンドマネージャーとの面談記録やアナリストの評価コメント等も一覧できるシステムを保有している。

③　ポートフォリオ構築能力

最後のポートフォリオ構築能力については、“トップダウン方式”と“ボトムアップ方式”の二つの方式を採用しているゲートキーパーが望ましい。大半のゲートキーパーはボトムアップ方式で、個々のヘッジファンドマネージャーを厳選し、それを組み合わせることによってファンド・オブ・ファンズを組成しているが、こうしたアプローチはリターンを追求するという点では優れているもののリスクコントロールという点では十分でない。リスクコントロールを効かせファンド全体の運用効率を高めるには、スタイルアロケーションといったトップダウンの視点が必要とされる。しかし、こうしたスタイルアロケーションは、機動的な変更による積極的な付加価値獲得がむずかしいことを考えれば、それ自体が付加価値の獲得をねらうものではなく、あくまでもリスクコントロールを主眼とするものでなくてはならないと考える。

これまでゲートキーパーの選定基準として、独立系、情報力、分析力、およびポートフォリオ構築能力を有していることをあげたが、レポーティングや運用コンサルティングといったクライアント・サービスのクォリティもポイントといえよう。

第2節　オルタナティブ投資の実践

1.　マネージャーストラクチャーの構築

これまでヘッジファンドを中心にオルタナティブ投資の特性を述べてきたが、オルタナティブ投資の実践にあたっては、伝統的資産と同様にマネージャーストラクチャー（運用機関構成）、つまり運用スタイルの分散を検討する必要がある。伝統的資産のジャンルには、“コア／サテライト”といったスタイル分類があるが、オルタナティブ投資についてもこうしたスタイル分類があてはまる。ファンド・オブ・ファンズは分散投資によって高い運用効率をねらう“コア”に、シングルファンドは一定のスタイル特性を維持しながら高いリターンをねらう“サテライト”に位置づけられる。

このように運用スタイルに違いがあることから、マネージャーセレクションに際しては、ファンド・オブ・ファンズは他のファンド・オブ・ファンズとの比較、シングルファンドは他のシングルファンドとの比較を行うことが必要で、ファンド・オブ・ファンズとシングルファンドを同一線上で比較すべきではないことになる。

さて、ファンド・オブ・ファンズとシングルファンドといった代表的な二つの運用形態について、マネージャーストラクチャーの事例をあげる。

⑴　ファンド・オブ・ファンズ

ファンド・オブ・ファンズについては、国内債券・国内株式・外国債券・外国株式に次ぐ“第5のアセットクラス”（転換社債を組み入れている場合は、“第6のアセットクラス”）として組み入れるケースや、金利上昇懸念に対する債券代替といった“特定資産の代替戦略”として組み入れるケースがあげられる。

⑵　シングルファンド

シングルファンドについては、投資家自身がシングルファンドをピックしてバランス運用を行うケースのほか、特定資産、たとえば株式ポートフォリオのダウンサイドリスクを回避するために組み入れるケースがあげられる（株式運用を補完するという意味でこれを“コンプリメント（complement）機能”と呼ぶ）。

このほか、伝統的資産における株式運用のバリュースタイルおよびグロースタイルによるスタイルニュートラル戦略と同じように、グロースバイアスをもつ株式運用に対してバリューバイアスのセキュリティ・セレクション（ロング・バイアス）を組み合わせてスタイルニュートラル化を図るといった活用方法もある。

また、インデックス運用とノーバイアスのマーケット・ニュートラル戦略のヘッジファンドとの組合せで付加価値の追求をねらう機能があげられる（価値を高めるという意味でこれを“エンハンス（enhance）機能”と呼ぶ）。

なお、ファンド・オブ・ファンズとシングルファンドに共通する事例として、オルタナティブ投資の枠内でコア・サテライト戦略を実践するために双方を一定比率で組み入れるケースがあげられる。

以下では、ヘッジファンドを事例にあげて、先にあげた代表的なオルタナティブ投資にかかわるマネージャーストラクチャーの効用を検証する。

2.　ファンド・オブ・ファンズのマネージャーストラクチャー

2001年8月の厚生年金基金連合会の資産運用実態調査では、代表的な機関投資家である年金基金のポートフォリオに占める国内債券等（国内債券・短期資産・貸付金）の組入比率は約25％で、生命保険会社が提供する一般勘定（約11％）も含めるとポートフォリオの40％弱が円金利資産で占められていることになる。

そうしたなかで、数年前から国内債券の金利上昇懸念が叫ばれてきたが、折しも、生保一般勘定の最低保証利率の引下げも想定され、国内債券への対応が投資家の問題意識として高まってきている。これに対しては、全体のポートフォリオを見直してオルタナティブ投資を導入するといった対応策のほかに、現状の国内債券の組入比率は変えずに国内債券の運用スタイルの分散化を図る方策が考えられる。前者がオルタナティブ投資を新たなアセットクラスとして組み入れるケースで、後者が特定資産（この場合は国内債券）の代替戦略としてオルタナティブ投資を組み入れるケースに当たる。

図表4－6で、それぞれのケースについて検証しているが、オルタナティ

［図表４－６］ ファンド・オブ・ファンズのマネージャーストラクチャーの実績値に基づく検証結果

■オルタナティブ投資を新たなアセットクラスとして導入するケース

	ヘッジファンド	有価証券					(内外債券)	(内外株式)	複合ベンチマークリターン		
			国内債券	国内株式	外国債券	外国株式			リターン（年率）	リスク（年率）	シャープ・レシオ（年率）
①	0.0%	100.0%	40.0%	30.0%	10.0%	20.0%	50.0%	50.0%	2.77%	8.31%	0.33
②	5.0%	95.0%	38.0%	28.5%	9.5%	19.0%	47.5%	47.5%	3.04%	7.89%	0.38
③	10.0%	90.0%	36.0%	27.0%	9.0%	18.0%	45.0%	45.0%	3.31%	7.48%	0.44
③-①	10.0%	△10.0%	△4.0%	△3.0%	△1.0%	△2.0%	△5.0%	△5.0%	0.54%	△0.83%	0.11

■国内債券の代替

	国内債券			国内株式	外国債券	外国株式	(内外債券)	(内外株式)	複合ベンチマークリターン		
		ヘッジファンド	国内債券						リターン（年率）	リスク（年率）	シャープ・レシオ（年率）
①	40.0%	0.0%	40.0%	30.0%	10.0%	20.0%	50.0%	50.0%	2.77%	8.31%	0.33
②	40.0%	5.0%	35.0%	30.0%	10.0%	20.0%	45.0%	50.0%	3.08%	8.27%	0.36
③	40.0%	10.0%	30.0%	30.0%	10.0%	20.0%	40.0%	50.0%	3.38%	8.23%	0.41
③-①	0.0%	10.0%	△10.0%	0.0%	0.0%	0.0%	△10.0%	0.0%	0.61%	△0.08%	0.08

（注） ヘッジファンドはFRM社のダイバーシファイドファンドの円ヘッジ円ベースリターン。シミュレーション期間は1998年11月～2001年12月。

ブ投資を新たなアセットクラスとして導入するケースでは、先にあげたように効率的フロンティアアプローチでは過大な組入比率が示唆されることから、オルタナティブ投資の組入比率を徐々に引き上げる一方で、残りの部分はスタート（つまり、オルタナティブ投資０％）時点のポートフォリオウェイトで配分するものとしている。オルタナティブ投資を“ナイスラウンドな比率”の10％まで組み入れるとすると、国内債券40％、国内株式30％、外国債券10％、外国株式20％で構成されるアセットミックスに対して、リターンで＋0.54％（＝3.31％－2.77％）、リスクで△0.83％（＝7.48％－8.31％）、運用効率（シャープ・レシオ）で＋0.11（＝0.44－0.33）の改善がみられる。また、国内債券の代替投資のケースでは、リターンで＋0.61％（＝3.38％－2.77％）、リスクで△0.08％（＝8.23％－8.31％）、運用効率（シャープ・レシオ）で＋0.08（＝0.41－0.33）の改善がみられる（図表４－６参照）。

［図表4－7］　ファンド・オブ・ファンズへの分散投資

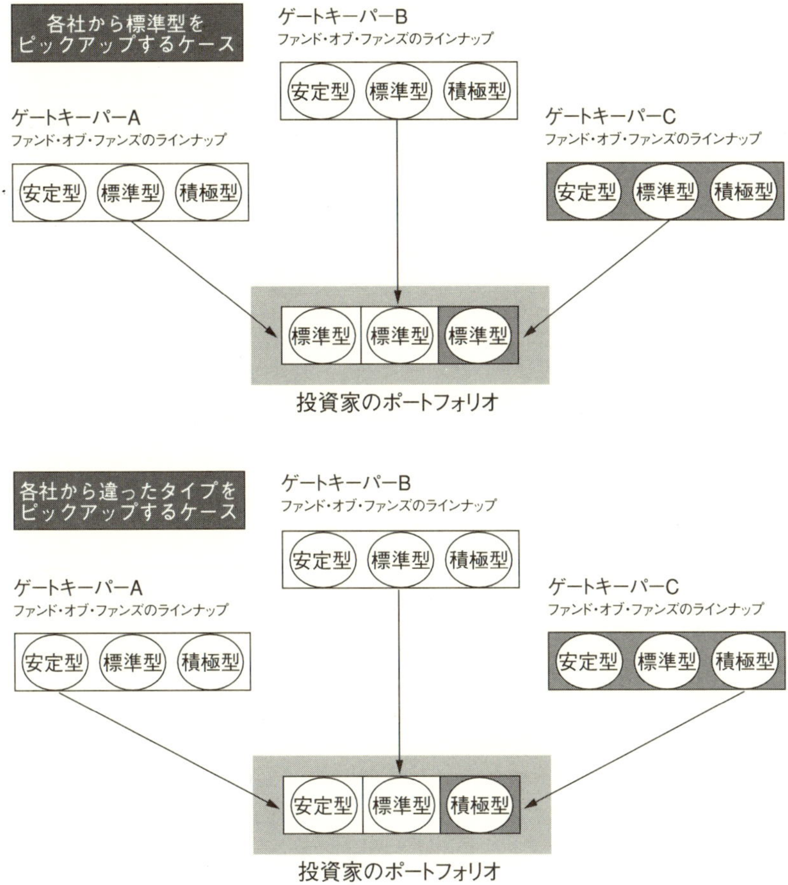

なお、双方のケースのリターン改善効果に大きな違いはない一方で、リスク低減効果には大きな違いがみられる。これは、オルタナティブ投資を新たなアセットクラスとして組み入れるケースでは、債券代替のケースに比べてリスクの高い内外株式が5％多めにオルタナティブ投資に置き換わっていることによるものである（検証期間における各アセットクラスのリスクは、国内債券3.54％、国内株式18.67％、外国債券12.67％、外国株式17.36％となっている）。

図表4－6のシミュレーションでは単一のファンド・オブ・ファンズを組

［図表４－８］　投資経験とヘッジファンドの投資戦略

日米投資家の投資戦略タイプの選好

投資戦略タイプ	日本投資家		米国投資家
	経験１年以内	経験２年以上	
マーケット・ニュートラル 計	6.1%	13.8%	21.4%
コンバーティブル・アービトラージ	1.8%	5.1%	6.4%
レラティブ・バリュー・アービトラージ	1.0%	2.0%	3.9%
スタティスティカル・アービトラージ	1.3%	2.9%	3.5%
フィックストインカム・アービトラージ	1.0%	1.9%	2.4%
ハイイールド・アービトラージ	1.0%	0.8%	2.0%
モーゲッジバックト	0.0%	1.3%	3.0%
イベントドリブン/スペシャル・シテュエーション 計	4.9%	9.6%	14.2%
マージャー・アービトラージ	3.8%	5.0%	5.9%
ディストレスト	1.1%	1.2%	1.7%
キャピタルストラクチャー	0.0%	3.4%	5.4%
その他株式ロング・ショート 計	16.2%	26.4%	34.7%
バリュー	2.6%	2.8%	4.1%
マーケット・タイミング	0.0%	0.4%	1.6%
インダストリー・スペシフィック	0.0%	1.6%	17.0%
カントリー・スペシフィック	13.6%	20.3%	9.8%
小型株	0.0%	1.0%	3.8%
プライベート・エクイティ	0.0%	0.0%	1.2%
債券ロング・ショート	1.4%	1.8%	2.1%
ショート・バイアス	0.0%	0.0%	1.1%
ファンド・オブ・ファンズ	68.4%	43.2%	18.2%
マクロ	2.7%	4.0%	5.3%
エマージング	0.3%	1.2%	2.5%
誤　差	0.0%	0.0%	0.5%
	100.0%	100.0%	100.0%

出所：「第二段階を迎えた機関投資家のヘッジファンド投資」（2001年９月20日 Gartmore ヘッジファンドセミナー、野村証券金融研究所）に基づき作成。

み入れることを想定しているが、複数のファンド・オブ・ファンズを組み入れるという考え方もある。一般に、ゲートキーパーは、安定型（ローリスク型）、標準型（ミドルリスク型）、積極型（ハイリスク型）といった3タイプ程度のファンドを設定しているケースが多いが、こうしたファンド・オブ・ファンズに分散投資することによってさらに高い運用効率を享受することもできる（図表4－7参照）。

ところで、ヘッジファンド投資においては、投資経験が浅い投資家ほど、シングルファンドよりもファンド・オブ・ファンズを選好する傾向がみられるが、これはヘッジファンドの投資プロセスをアウトソーシングできるといったファンド・オブ・ファンズのメリットを上手に活用している事例といえよう（図表4－8参照）。

3.　シングルファンドのマネージャーストラクチャー

先に、シングルファンドの機能としてコンプリメントとエンハンスといった二つの機能があることを紹介したが、まずは、コンプリメント機能について検証する。

(1)　コンプリメント機能

コンプリメント機能においては株式運用のダウンサイドリスクの回避がポイントになるので、ヘッジファンドの組入比率も大きくなる。ここでは株式運用に占める割合を30%としているが、これは、政策アセットミックス全体としてみた場合（政策アセットミックスにおける国内株式の組入比率30%）にヘッジファンド投資の組入れが“ナイスラウンドな比率”になるよう設定した数値である。伝統的資産との比較でみると、内外株式の双方において、リターンの向上、リスクの抑制、シャープ・レシオの向上が確認できる（図表4－9参照）。

[図表4－9]　コンプリメント機能の検証結果

	配　分		リターン（年率）	リスク（年率）	シャープ・レシオ（年率）	TE（年率）
	株　式	ヘッジファンド				
国内株式（TOPIX）	100.0%	0.0%	△7.46%	21.44%	△0.35	—
国内株式＋マーケット・ニュートラル円ヘッジベース	70.0%	30.0%	△2.61%	15.03%	△0.18	6.52%
差　異			4.85%	△6.41%	0.17	—
外国株式（S&P500）	100.0%	0.0%	10.32%	14.44%	0.71	—
外国株式＋マーケット・ニュートラル	70.0%	30.0%	10.79%	10.26%	1.05	4.34%
差　異			0.47%	△4.18%	0.34	—

（注）　シミュレーション期間は1990年1月～2001年12月。
　　ヘッジファンドはHFR社のエクイティ・マーケット・ニュートラルインデックスのデータに基づき算出。

⑵　エンハンス機能

次のエンハンス機能は、インデックス運用との組合せでインデックスに対する付加価値をねらうものであるが、これはベンチマークに対するリスクを極力抑制したうえで超過収益を確保するためにヘッジファンドを取り組むことになるのでトラッキング・エラーの水準がポイントになる。図表4－10で、ヘッジファンド組入れ後のポートフォリオの国内株式および外国株式に対するトラッキング・エラー水準を示しているが、リスク・バジェッティングに関して、最近、年金基金の注目が集まっている“エンハンストインデックス運用”のトラッキング・エラー水準を参考に1.0～2.0%とするのが現実的である。

そうした、トラッキング・エラー水準を前提にすると、エンハンス機能におけるヘッジファンドの組入比率も10%程度となり“ナイスラウンドな比率”になるようで、たとえば国内株式では年率2.17%のトラッキング・エラーで年率1.64%の超過リターンを得ている（この場合、インフォメーションレシオは0.76＝1.64%÷2.17%で、リスクとリターンの良好な関係を示す一つのメドとされる0.50をクリアしている）。

[図表４－10]　エンハンス機能の検証結果

	配　分		リターン（年率）	リスク（年率）	シャープ・レシオ（年率）	TE（年率）
	株　式	ヘッジファンド				
国内株式（TOPIX）	100%	0%	△7.46%	21.44%	△0.35	—
国内株式＋マーケット・ニュートラル 円ヘッジベース	90%	10%	△5.82%	19.30%	△0.31	2.17%
差　異			1.64%	△2.14%	0.04	—
外国株式（S&P500）	100%	0%	10.32%	14.44%	0.71	—
外国株式＋マーケット・ニュートラル	90%	10%	10.50%	13.03%	0.80	1.45%
差　異			0.18%	△1.41%	0.09	—

（注）　シミュレーション期間は1990年１月～2001年12月。
　ヘッジファンドはHFR社のエクイティ・マーケット・ニュートラルインデックスのデータに基づき算出。

4.　オルタナティブ投資におけるコア／サテライト戦略

これまで、ファンド・オブ・ファンズとシングルファンドについて伝統的資産との組合せによる運用効率向上策を述べてきたが、最後に、オルタナティブ投資における“コア／サテライト戦略”について説明する。

ファンド・オブ・ファンズとシングルファンドの特性に照らし、ファンド・オブ・ファンズをコアにシングルファンドをサテライトに配置したマネージャーストラクチャーがそれに当たる。図表４－11は、ヘッジファンドにおけるコア／サテライト戦略のマネージャーストラクチャーのイメージを示している。

こうした、ヘッジファンドのマネージャーストラクチャーについて、FRM社のアービトラージ、ダイバーシファイド、およびHFR社のファンド・オブ・ファンズ指数をファンド・オブ・ファンズのリターンとみなして算出した“バランス型ヘッジファンドフロンティア”と、それに加えて、FRM社

［図表４－11］　ヘッジファンドによるコア／サテライト戦略

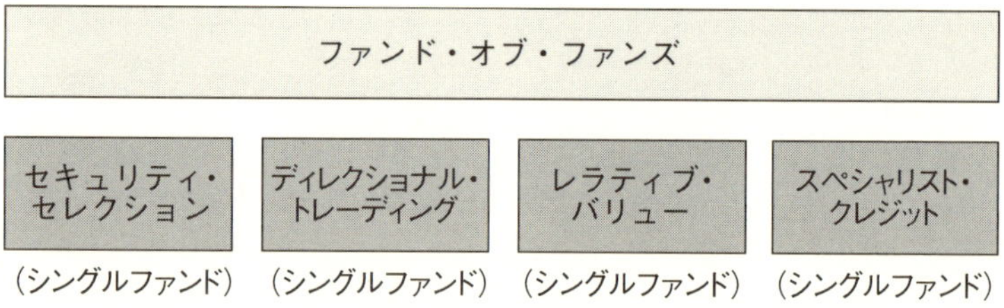

［図表４－12］　ヘッジファンド投資の効率的フロンティア

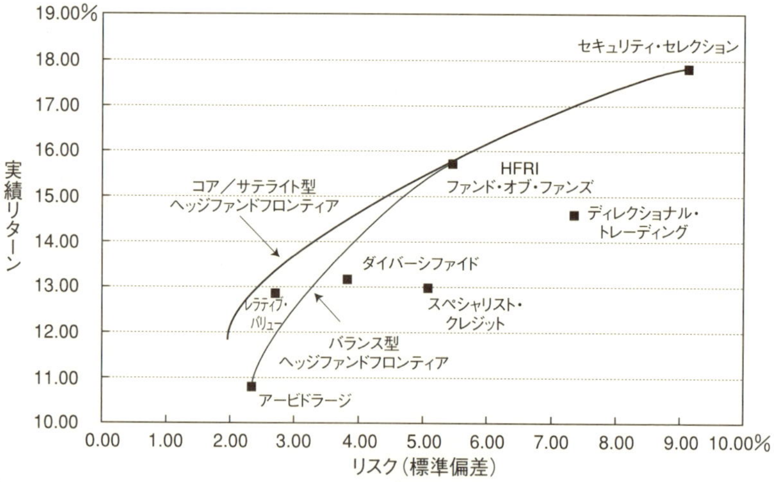

出所：FRM社、HFR社のデータに基づき算出。

のセキュリティ・セレクション、ディレクショナル・トレーディング、レラティブ・バリュー、およびスペシャリスト・クレジットといった四つの指数をシングルファンドのリターンとみなして算出した“コア／サテライト型ヘッジファンドフロンティア”を比較することによって検証を行った（図表4－12参照）。

図表4－12は、ヘッジファンドの実績値を用いた検証である。ファンド・オブ・ファンズのみで構成される“バランス型ヘッジファンドフロンティア”に比べ、ファンド・オブ・ファンズとシングルファンドを組み合わせた“コア／サテライト型ヘッジファンドフロンティア”のほうが左上方に位置しており、かつ右上方に拡張していることが見て取れ、コア／サテライト戦略は高い運用効率が期待でき、かつ多様なリスクリターン・プロファイルの実現が可能であることを示唆している。

このようなヘッジファンド投資におけるコア／サテライト戦略は、高い運用効率を追求できることはもちろんのこと、ゲートキーパーをヘッジファンド投資のパートナーと位置づけることによって、サテライトマネージャーのモニタリングや運用コンサルティング機能を享受できる等、ゲートキーパーとの対話を通じて投資家自身もヘッジファンド投資にコミットすることができるマネージャーストラクチャーといえる。

第3節　オルタナティブ投資のリスク管理

1.　定性的なリスクの把握

オルタナティブ投資には伝統的資産にはない特有のリスクが存在する。それらは、ヘッジファンドの基盤にかかわる“インフラストラクチャーリスク”、ポートフォリオ構築にかかわる“プロセスリスク”、資産そのものにかかわる“アセットリスク”に大別されるが、こうした定性的なリスクを投資家が単独で管理することは実務的に困難で、この部分はゲートキーパーと協働して管理することになる。だからこそ、多数のシングルファンドマネージャーを比較できる立場にあるゲートキーパーが投資家のパートナーとなりうることになる。

a.　インフラストラクチャーリスク

まず、“インフラストラクチャーリスク”は、キーパーソンの私生活の変化、組織の崩壊、運用資産額のコントロールといったキーパーソンと組織にかかわるリスクと、事務執行等にかかわるストラクチャーリスクがあげられる。キーパーソンと組織にかかわるリスクのうち特に重視されるのは運用資産額のコントロールである。運用資産額の増加はビジネスの成功にほかならないが、その結果、運用効率やファンドマネージャーのインセンティブ（ハングリー精神）の低下によってファンドのクォリティが揺らぐ可能性がある。また、レバレッジの源泉となる融資の引上げも運用上の大きな障害になることから、資金調達チャネルが多様化されていることが望ましい。

b.　プロセスリスク

次に、“プロセスリスク”は、運用ルールからの逸脱リスクやポートフォリオ構築プロセスにおける矛盾があげられる。運用開始にあたってはゲートキーパーと運用協議を行うことになるが、事前に協議されたルールや投資プロセスと実際の運営に齟齬があってはならない。たとえば、投資戦略と組入銘柄のミスマッチや、ロスカットルールがルールどおり運営されないといったケースもあるので、注意が必要である。

c.　アセットリスク

最後は、“アセットリスク”で、流動性リスクやヘッジできないアセットクラスへの投資リスクがあげられる。このようなヘッジファンド特有のリスク管理は、ゲートキーパーとの協働作業となる。

2.　定量的なリスクの把握

定量的なリスクの把握については、ある程度は投資家自身で対処することが望ましく、それについては、年金基金（厚生年金・適格年金・公的年金）、運用機関、シンクタンクが集まって設立されたリスク管理フォーラムでの研究を経て、大和総研が取りまとめた『リスク管理ガイドライン』（2000年5月）が参考になる。『リスク管理ガイドライン』では、大きく分けて市場リスクに関する基準とコンプライアンスリスクに関する基準が設定されているが、いずれも管理基準を「基本」「努力」「上位」という三つのレベルに分類し具体的に示したところに特色がある。このうち、「市場リスク管理」についての定義は、以下のとおりとなっている（内容は年金基金における伝統的資産運用をイメージしたものになっている）。

「基本」 いずれのプランスポンサーにおいても行われるべきであろう基本的項目
政策アセットミックスに対して整合的な運営がなされているかどうかの確認

【Ⅰ．資産配分に関するリスク管理】

・政策アセットミックスに対する、基金全体の実績資産配分の乖離を確認し、この乖離をリバランスするか否かを検討。

・運用機関ごとに運用ガイドラインを提示する場合、その運用ガイドラインと実際の乖離を確認。

【Ⅱ．個別アセットクラスごとのリスク管理】

・プランスポンサーが提示した運用ガイドラインに対する運用機関の遵守状況について確認。

・運用機関が自己申告した目標超過収益率（アクティブ）、TE（アクティブ、パッシブ）に対する実際の乖離を確認。

【Ⅲ．政策アセットミックスの確認】

・政策アセットミックス策定段階で想定した各資産の長期リターン、リスクを市場実績と比較し、必要に応じて資産配分を修正。

「努力」 可能な限り行うことが望ましいと思われる項目
市場リスクの計量化により各種リスクを推計しながら、資産運用を行う

・政策アセットミックス、および実績資産配分のショートフォール・リスク、バリュー・アット・リスクを計算し比較検証する。

・政策アセットミックスに対する実績資産配分の乖離リスクを計量化、および短期的見通しに基づく効率的フロンティア上のポジショニングの乖離を確認。

・個別資産において基金の提示する、目標超過収益率（アクティブ）、TE（アクティブ、パッシブ）に対する実際の乖離を確認。

「上位」 より高度なリスク管理を指向するプランスポンサーが行うであろう項目
アセットミックス、スタイルミックスについての高度なリスクマネジメント

・政策アセットミックス、および実績資産配分についてストレステストを行い、リスク・シナリオへの対応を検討。

・指定した運用スタイルと、リターンの源泉・リスク特性が整合的であるか否かを、モデル・要因分析を通じて確認。

出所：『リスク管理ガイドライン』（リスク管理フォーラム　2000.5）より作成。

オルタナティブ投資は、伝統的資産とは異なるリスク特性をもっていることから、『リスク管理ガイドライン』でいえば「努力」、および「上位」基準に対応しておくことが望ましい。

ところで、努力、および上位基準のなかで紹介されている管理指標は、“ショートフォール・リスク”や“バリュー・アット・リスク”、および“ストレステスト”の三つである。このうち、オルタナティブ投資のうちヘッジファンドのリスク管理として最もポピュラーなものはストレステストである。

ストレステストとは、なんらかのイベント発生等によって特定の資産が急落あるいは急騰するといったストレス状態に見舞われた場合に、ヘッジファンドにどのような負荷が生じるかを過去の市場に照らしてチェックする手法で、ヘッジファンドが伝統的資産の急落・急騰時にどのような実績を残しているかをチェックすることになる。ヘッジファンドは、特定の資産との市場感応度（ベータ）を抑制し、ファンドマネージャーのスキル（アルファ）に賭けた戦略であることから、特にダウンサイドリスク回避機能に優れている。

図表4－13ではFRM社のダイバーシファイドファンドについて、米国株式および米国債券との関係を表しているが、株式や債券といった伝統的資産の下落局面でも良好なパフォーマンスをあげていることがわかる。

次に、ショートフォール・リスクやバリュー・アット・リスクの概念については、すでに第3章第2節2の「政策アセットミックスにおけるオルタナティブ投資の取扱い」で紹介しているが、これらを算出するには平均と標準偏差という統計数値が必要とされる。しかし、平均と標準偏差で表現できる分布は、伝統的資産のようにリターンの分布が左右対称の釣鐘型になるような正規分布のケースである。

ヘッジファンドのリスク指標としてダウンサイド・ディビエーションを紹介したが、FRM社のファンド・オブ・ファンズのリターン分布をみると、全体のリターン、あるいはダウンサイド・ディビエーションの計算対象となるマイナスリターンが正規分布しているようにもしていないようにもみえ、ファットテールも含めてヘッジファンドのリスクを適切に表現できるような新たな指標が求められることになる（図表4－14参照）。

［図表4－13］　伝統的資産の下落期間におけるヘッジファンドの実績

■株式下落期間における実績

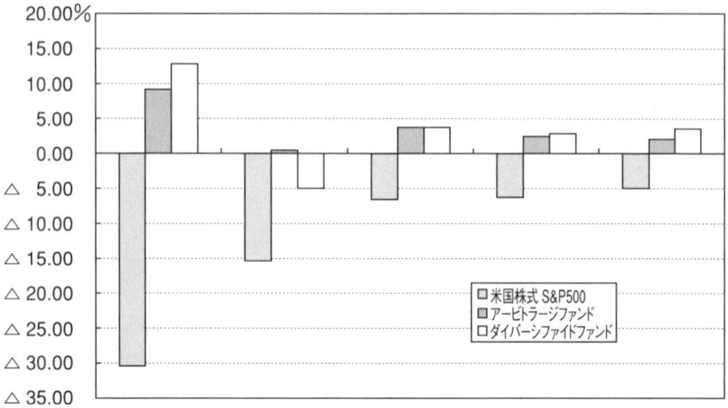

	2000年9月～2001年9月	1998年7月～1998年8月	2001年1月～2001年2月	1999年7月～1999年9月	2000年4月～2000年5月
米国株式 S&P500	△30.49%	△15.37%	△6.82%	△6.24%	△5.00%
アービトラージファンド	9.02%	0.35%	3.74%	2.40%	2.18%
ダイバーシファイドファンド	12.89%	△4.99%	3.88%	2.69%	3.58%

■債券下落期間における実績

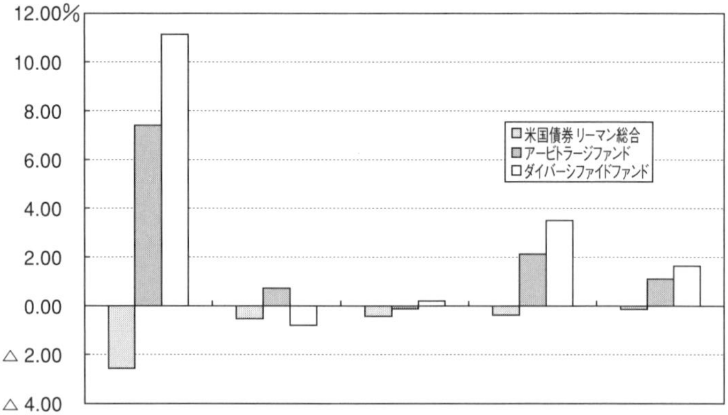

	1999年2月～1999年8月	1998年10月	2001年4月	2000年4月	1998年2月
米国債券リーマン総合	△2.54%	△0.53%	△0.42%	0.33%	△0.08%
アービトラージファンド	7.51%	0.73%	△0.07%	2.18%	1.21%
ダイバーシファイドファンド	11.24%	△0.80%	0.18%	3.58%	1.77%

出所：FRM社

[図表4－14]　ヘッジファンドのリターン分布

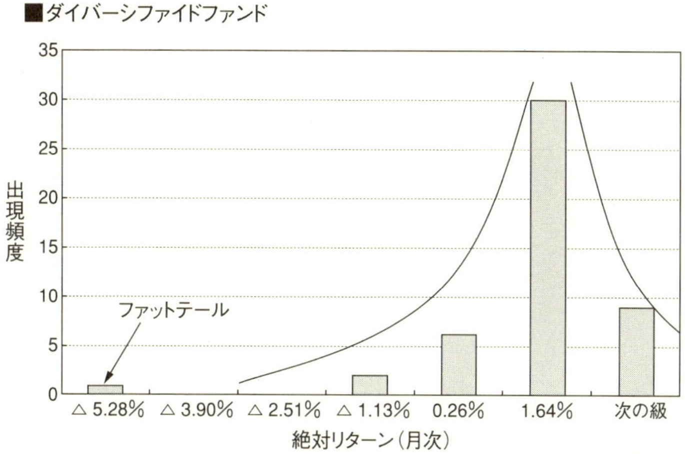

出所：FRM 社（1998年1月～2001年12月）。

3.　リスク管理の高度化

定性的なリスクの把握については先に述べたとおりであるが、アナリストの評価をポイント化してランク付けするような FRM 社が示している投資格付はそうした評価をすべて包含しているという点では参考になる。FRM 社の投資格付は、担当アナリストがヘッジファンドの組織・運用・優位性にかかわる12の項目について＋１、０、および△１の３段階の評価を下した合計値に応じて AAA～C の格付を付与するものである（図表２－50、２－51参照）。

ところで、この投資格付はシングルファンドを対象とするものであるが、シングルファンドの集合体であるファンド・オブ・ファンズの投資格付はどのように考えればよいのであろうか。『リスク管理ガイドライン』の「努力」、「上位」レベルでは、市場リスクを“ショートフォール・リスク”、“バリュー・アット・リスク”、および“ストレステスト”で把握したが、ファンド・オブ・ファンズの定性的なクォリティを表す投資格付を、たとえば、ファンド・オブ・ファンズの投資格付が、一定の投資格付未満となる確率

(ショートフォール・リスク)、投資不適格に格下げされる確率(バリュー・アット・リスク)、イベントリスク発生時の投資格付への影響度(ストレステスト)という数値で表すことはできないであろうか。

このような方法でファンド・オブ・ファンズの定性リスクを把握するには、ファンド・オブ・ファンズに組み入れられているシングルファンドの過去の投資格付の推移に基づき、効率的フロンティアアプローチの相関係数に相当する投資格付推移行列を算出し、それに各シングルファンドの組入比率と現在の投資格付を掛け合わせることによって、ファンド・オブ・ファンズの投資格付(平均)と投資格付のぶれ(標準偏差)を算出しなければならない。しかし、第2章で指摘したように、優秀なリスク管理もさることながら劣ったリスク管理も繰り返されることから、こうして算出したファンド・オブ・ファンズの投資格付も正規分布で表現できない可能性もあり、なんらかの工夫が必要となろうが、これについては今後の課題である。

4. まとめ

本章において、ヘッジファンド特有のリスクを把握するためにゲートキーパーの活用が有効であることを述べてきた。

読者の多くはヘッジファンドについて多かれ少なかれ疑念を抱いていたのではないかと思われる。たしかに、数あるヘッジファンドのなかにはそうしたイメージどおりのマネージャーも存在するのも事実で、オペレーショナル・リスクに関していえば、最近、あるプライムブローカーが転換社債裁定取引マネージャーと共謀し、故意にヘッジファンドが保有する証券の登録時価を改ざんしていた可能性が高いという事態が発生したようである。

オルタナティブ投資にあたっては、まずは、このような関係者や仕組みを回避することがポイントで、そのうえで優秀なマネージャーを選定しポートフォリオを構築することが必要となるが、投資後のフォローアップも含めて投資家のパートナーとなりうる“良きゲートキーパー”を選定することが“オルタナティブ投資の成功への近道”であることがよくおわかりいただけたものと思う。

おわりに

本書では、現在の運用難時代を切り拓く有力な投資手法としてオルタナティブ投資を取り上げ、解説してきた。

オルタナティブ投資は株式・債券といった伝統的資産と低相関であり、分散投資効果を向上させ相場の下ぶれリスクを抑えることができる運用商品である。特に、現在のように弱気相場の見通しが支配的になりつつある状況のもとでは、いわば買持ち運用であるため市場の下落局面において資産を売却するのが精一杯で、短期資産以上のリターンをあげることが困難な伝統的資産運用にかわり、市場動向にかかわらず売持ちであるショートポジションも活用し、絶対リターン獲得を目指すヘッジファンドが脚光を浴びつつある。

ただ、ヘッジファンドはこれまで「金融派生商品（デリバティブ）を活用しレバレッジを効かせることにより高いリターンをねらう、一般の投資家には不向きなうさんくさく投機的なファンド」というイメージがあったものと思われる。しかしながら、本書により、市場の下落局面に強く絶対リターンを獲得できることについて合理的裏付があることがおわかりいただけたのではないかと思う。

一方で、ヘッジファンドは対ベンチマーク運用が主流の伝統的資産運用とは異なり、スキルベース運用であるためマネージャー間のリターン格差が大きく、また、その数6,000～7,000社ともいわれ毎月100あまりのファンドが設立されており、そのなかには粗製濫造といえるようなマネージャーも存在するといった、ヘッジファンド特有のリスクも数多く存在することも事実である。

このためデュー・ディリジェンスのための体制が整った機関投資家であればともかく、一般の投資家はこのようなヘッジファンド特有のリスクを克服するために、マネージャーのスキルを比較、選定、組み合わせる専門能力をアウトソーシングできるファンド・オブ・ファンズ、ゲートキーパーの活用が効果的であることもおわかりいただけたものと思う。

年金基金の２年連続のマイナスリターンに象徴される現在の運用環境のもとでは、伝統的資産だけの運用では限界があることも事実であり、読者がその限界をカバーする投資手法としてオルタナティブ投資に着目し、現在の運用難時代を乗り切る一助に本書がなれば幸いである。

参考資料

1　ヘッジファンドの投資戦略別リターン（過去5年間）

セ ク タ ー	2001年	2000年	1999年	1998年	1997年
ヘッジファンド全体	6.4%	8.4%	31.6%	3.0%	15.5%
レラティブ・バリュー	7.2%	14.4%	15.2%	5.2%	16.4%
買収銘柄裁定取引	2.3%	18.7%	18.8%	8.7%	17.3%
転換社債裁定取引	13.2%	16.9%	17.9%	4.7%	14.7%
債券裁定取引	7.7%	8.9%	14.3%	△6.7%	9.3%
モーゲージ証券裁定取引	14.8%	8.5%	10.9%	△11.3%	14.6%
統計分析裁定取引	10.1%	13.5%	4.4%	10.2%	16.4%
スペシャリスト・クレジット	11.6%	0.7%	27.7%	6.0%	14.0%
ディストレス証券	16.8%	△2.0%	13.3%	△2.5%	15.4%
クレジット・トレーディング	7.5%	△5.7%	8.6%	4.2%	17.3%
プライベート・プレースメント	3.9%	9.8%	79.1%	25.1%	△3.9%
ディレクショナル・トレーディング	6.5%	12.8%	8.0%	13.1%	15.1%
自己判断運用	3.2%	13.5%	11.0%	11.2%	11.9%
システム運用	5.0%	14.1%	2.8%	15.0%	15.7%
戦略配分運用	18.6%	△2.6%	5.7%	3.5%	18.4%
セキュリティ・セレクション	5.0%	11.0%	58.3%	8.0%	19.4%
ロング・バイアス	3.2%	8.3%	68.8%	11.2%	19.7%
ノー・バイアス	10.2%	27.0%	24.4%	12.2%	19.3%
ショート・バイアス	8.5%	19.5%	△3.8%	△9.9%	14.0%

出所：FRM社

2　ヘッジファンドの投資戦略の分類（FRM 社の分類基準との対比）

FRM	ディレクショナル・トレーディング				レラティブ・バリュー			スペシャリスト・クレジット			セキュリティ・セレクション			
	自己判断運用	ファンドタイミング	戦略配分	システム運用	コンバージェンス・アービトラージ	マージャー・アービトラージ	統計分析裁定取引	ディストレスト・セキュリティーズ	ポジティブ・キャリー	プライベート・プレイスメント	ロング・バイアス	ノー・バイアス	ショート・バイアス	バリアブル・バイアス
CSFB/Tremont	グローバル・マクロ	マネージド・フューチャーズ		グローバル・マクロ	債券アービトラージ／転換社債アービトラージ	イベント・ドリブン	エクイティ・マーケット・ニュートラル	イベント・ドリブン	債券アービトラージ	転換社債アービトラージ	エクイティ・ロングショート	エクイティ・マーケット・ニュートラル	ショート・バイアス	エクイティ・ロングショート
厚生年金基金連合会リスク管理研究会報告	戦術的トレーディング				マーケット・ニュートラル	イベント・ドリブン	マーケット・ニュートラル	イベント・ドリブン	債券ロング・ショート	マーケット・ニュートラル	株式ロング・ショート			
HFR	グローバル・マクロ	マーケット・タイミング		グローバル・マクロ	債券アービトラージ／転換社債アービトラージ／モーゲージ／レラティブ・バリュー・アービトラージ	イベント・ドリブン／マージャー・アービトラージ	エクイティ・マーケット・ニュートラル／統計分析裁定取引	ディストレスト・セキュリティーズ／イベント・ドリブン	債券アービトラージ／レラティブ・バリュー・アービトラージ	転換社債アービトラージ／レラティブ・バリュー・アービトラージ	エクイティ・ヘッジ	エクイティ・ヘッジ／エクイティ・マーケット・ニュートラル	ショートセリング	エクイティ・ヘッジ／エクイティ・ノンヘッジ
MAR	グローバル・マクロ			グローバル・マクロ	マーケット・ニュートラル／株式アービトラージ／転換社債アービトラージ／債券アービトラージ	イベント・ドリブン／リスク・アービトラージ	マーケット・ニュートラル／ストック・アービトラージ	ディストレスト・セキュリティーズ／イベント・ドリブン	債券アービトラージ／マーケット・ニュートラル	転換社債アービトラージ／マーケット・ニュートラル	セクター	マーケット・ニュートラル／ロング・ショート	ショートセラーズ	セクター
Hennessee	マクロ			マクロ	転換社債アービトラージ／レバレッジ債券	イベント・ドリブン／リスク・アービトラージ	マーケット・ニュートラル	ディストレスト・セキュリティーズ／イベント・ドリブン	レバレッジ債券	転換社債アービトラージ	インターナショナル／オポチュニスティックほか	マーケット・ニュートラル／インターナショナル／オポチュニスティックほか	ショートオンリー	インターナショナル／オポチュニスティックほか

出所：厚生年金基金連合会リスク管理研究会（2002年１月25日）『厚生年金基金のリスク管理―政策アセットミックス策定後を中心に―（第二次報告）』、および各社のホームページや資料の定義に基づき作成。

参考文献

・Asset International 社『ヘッジファンドの制度化』グローバルカストディアン2001年春号

・BARRA Strategic Consulting Group (Sep2001)『Fund of hedge funds-Rethinking resource requirements』

・Financial Risk Management『Annual Viewpoint2001』

・Lehman Brothers（Nov2001）『Understanding Hedge Fund Performance』

・Morgan Stanley（Dec2001）『Hedge Fund Strategy and Portfolio Insights』

・Merrill Lynch & Co.,Inc./BARRA Strategic Consulting Group (2000)『Success in Investment Management：Building and Managing the Complete Firm』

・UBS Warburg（Oct2000）『In Search of Alpha』

・UBS Warburg（Sep2001）『The Search for Alpha Continues』

・Watson Wyatt（Oct2001）『Hedge funds a risk too far？』

・Walter R. Good/Douglas A. Love (1989)『Managing Pension Assets：Pension Finance & Corporate Financial Goals』McGraw-Hill

・大塚明生・金井司著『戦略的年金経営のすべて』㈳金融財政事情研究会

・厚生年金基金連合会『資産運用実態調査（2000年度決算）』

・厚生年金基金連合会リスク管理研究会（2002年１月25日）『厚生年金基金のリスク管理―政策アセットミックス策定後を中心に―（第二次報告）』

・経済産業省 中小企業庁（2001年５月）『2000年日本のベンチャー・キャピタルに関する報告書 ベンチマークレポート』

・住友信託銀行年金研究センターホームページ掲載資料、浅野幸弘『デリバティブ第13回：ヘッジファンド』

・日本証券アナリスト協会編『証券分析用語辞典第３版』白桃書房

・日本証券アナリスト協会編『証券投資論第３版』日本経済新聞社

・バートン・マルキール著／井手正介訳『ウォール街のラインダム・ウォーカー』日本経済新聞社

・堀江貞之・小粥泰樹著『資産運用会社の経営課題』Fund Management N0. 26（2001年春季号）野村アセット投信研究所

・マイケル・J・コーバー著『プライベートエクイティ 価値創造の投資手法』東洋経済新報社

・リスク管理フォーラム（2000）『リスク管理ガイドライン―リスク管理フォーラム最終報告―』

・野村証券金融研究所（2000年７月）『年金運用におけるオルタナティブ投資』年金運用研究 NO. 10

事項索引（太字は重要頁を表す）

A～Z

あ

い

う

え

お

著者略歴

大塚　明生（おおつか あきお）

1976年　京都大学法学部　卒業
同　年　住友信託銀行　入社
東京営業第一部、営業企画部、企画部を経て
1994年　ALM 部次長
1996年　年金信託部次長
1998年　年金運用部長
2001年　東京法人信託営業第一部長
2002年　執行役員　東京法人信託営業第一部長
2004年　常務執行役員　受託事業部門副部門長

神谷　　智（かみや さとし）

1985年　早稲田大学政治経済学部経済学科　卒業
同　年　住友信託銀行　入社
年金信託部、証券業務部、資産運用部を経て
2000年　年金運用部（主任調査役）
2004年　総合運用部次長

運用難時代を切り拓くオルタナティブ投資

平成14年 7 月17日　第 1 刷発行
平成18年 9 月29日　第 6 刷発行

著　　者　大塚明生・神谷　智
発 行 者　倉　田　　勲
印 刷 所　三松堂印刷株式会社

〒160－8520　東京都新宿区南元町19
発 行 所　**社団法人　金融財政事情研究会**
編 集 部　TEL 03(3355)2251　FAX 03(3357)7416
販　　売　**株式会社 き ん ざ い**
販売受付　TEL 03(3358)2891　FAX 03(3358)0037
URL http://www.kinzai.jp/

ISBN4－322－10292－1